COLLECTION
CHIC & GOURMANDE

tapas
et petites bouchées

ELLE à table

INTRODUCTION

Tapas ou petites bouchées, rien de tel pour des apéritifs réussis ! Ces amuse-gueules froids ou chauds se plient à toutes les envies, à toutes les humeurs. Pour vous aider à faire le bon choix parmi nos recettes chics et savoureuses, nous les avons classées en cinq parties : « légères », « moelleuses », « croquantes et croustillantes », « crémeuses » et « express ». Vous piocherez avec délice entre les toujours séduisantes tomates mozza-basilic, les blinis de pommes de terre et toasts au saumon fumé, ou des propositions plus inattendues tels ce caviar de piquillos et chèvre frais, ces sablés aux noisettes qui en blufferont plus d'un, sans parler des saint-jacques à l'huile de gingembre...

SOMMAIRE

LĒGĒRES

rouleaux
de saumon, avocat et pamplemousse

pour 4 personnes
préparation 20 mn
pas de cuisson

200 g de cœur de saumon fumé
1 gros avocat
1/2 pamplemousse
8 brins de cerfeuil
4 c. à soupe de graines germées (poireau ou radis)
4 grandes feuilles de riz

Pour la sauce
1 c. à café de sauce pimentée sucrée
4 c. à soupe de jus de pamplemousse
4 c. à soupe d'huile d'olive
1/3 c. à café de gingembre frais haché (facultatif)

• Posez 1 feuille de riz sur un linge propre humide. Couvrez-la d'un 2e linge humide et posez la 2e feuille de riz. Et ainsi de suite pour ramollir les feuilles de riz.

• Détaillez le cœur de saumon en 4 longs bâtonnets. Pelez et coupez l'avocat en 2, puis chaque moitié en 4 dans la longueur. Pelez le pamplemousse et détachez les quartiers en ôtant la fine peau blanche qui les recouvre. Lavez et séchez le cerfeuil.

• Posez sur le bord d'une feuille de riz un bâtonnet de saumon, 1 quartier de pamplemousse, 2 lamelles d'avocat et 2 brins de cerfeuil. Repliez délicatement la feuille de riz à la façon d'un nem. Procédez ainsi pour les 4 feuilles de riz. Ensuite emballez les rouleaux dans du film alimentaire et réservez-les au réfrigérateur.

• Préparez la sauce en émulsionnant l'huile d'olive, le jus de pamplemousse, la sauce pimentée, le gingembre et 1 pincée de sel.

• Au moment de servir, débarrassez les rouleaux du film alimentaire et coupez-les en deux. Dégustez avec les graines germées et quelques gouttes de sauce pimentée.

Vous trouverez les feuilles de riz, ainsi que la sauce pimentée, dans les rayons asiatiques des supermarchés.
En cas de préparation la veille, citronnez légèrement l'avocat pour qu'il ne s'oxyde pas.

rouleaux de saumon, avocat et pamplemousse

tomates
mozza-basilic

pour 6 personnes
préparation 10 mn
cuisson 30 mn

1 kg de tomates bien goûteuses et mûres
1 branche de céleri coupée en morceaux
1 carotte épluchée et coupée en rondelles
1 échalote hachée finement
100 g de mozzarella de bufflonne
2 ou 3 tranches de pain de campagne
basilic bien frais
1 feuille de laurier
huile d'olive
fleur de sel
poivre du moulin

• Plongez les tomates quelques secondes dans de l'eau bouillante, puis épluchez-les.

• Mettez les tomates dans une casserole avec un peu d'eau, ajoutez céleri, carotte, échalote et laurier et faites mijoter 30 mn environ.

• Passez cette pulpe dans un chinois pour en récupérer tout le jus, laissez refroidir.

• Posez un peu de pain (sans la croûte) au fond d'un verre ou d'une coupelle. Mettez une bouchée de mozzarella dessus et assaisonnez légèrement de sel et de poivre.

• Couvrez avec un autre morceau de pain, puis imbibez le tout de jus de tomate.

• Laissez reposer au frais.

• Assaisonnez de fleur de sel et de poivre noir. Servez avec du basilic ciselé à la dernière minute et quelques gouttes de bonne huile d'olive.

tomates mozza-basilic

huîtres
à l'orange et au piment

pour 6 personnes
préparation 15 mn
pas de cuisson

24 à 36 huîtres environ
1 orange
1 citron vert
1/2 poivron rouge
1 piment vert
1 noix de gingembre frais
3 brins de coriandre
1 c. à soupe d'huile de pépins de raisin
poivre du moulin
vinaigre de xérès

• Pelez le gingembre, retirez les graines du poivron et du piment, lavez la coriandre.

• Mettez ces ingrédients dans le bol d'un robot ou d'une moulinette et mixez-les finement par à-coups.

• Pressez l'orange et le citron.

• Mettez le hachis dans un bol, ajoutez les jus d'orange et de citron, l'huile, du sel, du poivre, quelques gouttes de vinaigre et mélangez.

• Ouvrez les huîtres, jetez un peu d'eau et servez avec la préparation.

• Dosez le piment en fonction de vos goûts.

Vous pouvez remplacer le piment vert par du piment rouge antillais, nettement plus piquant. Vous pouvez aussi filtrer la préparation pour n'avoir qu'un jus épicé. Réservez-le au frais jusqu'au moment de servir.

nems d'ananas
au tourteau et à l'avocat

pour 4 personnes
préparation 30 mn
cuisson 20 mn

1 beau tourteau de 1,2 kg
1 ananas
1 gros avocat mûr mais ferme
1 botte de ciboulette
1 branche de thym
2 feuilles de laurier
1 poignée de gros sel gris
5 c. à soupe d'huile d'olive
2 c. à soupe de vinaigre balsamique blanc
1/2 c. à café de sucre roux
1,5 c. à café de piment en poudre

• Portez à ébullition un grand faitout d'eau salée, agrémentée de thym, de laurier et d'1 c. à café de piment. Plongez-y le crabe et faites-le cuire 20 mn après la reprise de l'ébulition. Sortez le, laissez-le refroidir 10 mn, puis décortiquez-le.

• Lavez la ciboulette, ciselez-la. Préparez la vinaigrette en mélangeant le vinaigre, l'huile, le sucre, du sel et 1 pincée de piment en poudre, à doser selon votre goût.

• Pelez soigneusement l'ananas et tranchez-le dans sa hauteur. Ôtez le cœur trop ferme d'un demi-ananas et détaillez 8 tranches fines (dans la longueur). Posez-les sur un plat et salez-les très légèrement.

• Mixez l'autre moitié de l'ananas, filtrez le jus et ajoutez-le à la vinaigrette. Pelez, dénoyautez et tranchez finement l'avocat.

• Sur une tranche d'ananas, disposez des copeaux d'avocat, puis de la chair de crabe et de la ciboulette. Roulez la tranche d'ananas sur elle-même à la façon d'un nem.

• Procédez ainsi pour les 8 tranches d'ananas, puis réservez au frais.

• Rectifiez l'assaisonnement de la vinaigrette si nécessaire et servez-la avec les nems.

Décortiquez le crabe tiède, c'est beaucoup plus facile. Choisissez un ananas à la chair assez ferme pour pouvoir le trancher sans difficulté. Ajoutez, si vous le désirez, un peu de piment frais.

sardines
au sel

pour 4 personnes
préparation 30 mn
réfrigération 2 h
pas de cuisson

20 petites sardines très fraîches
250 g de gros sel de mer
pain de campagne
beurre nature ou aux algues
fleur de sel
1 citron (facultatif)

• Grattez délicatement les sardines, puis enlevez les têtes et videz-les. Lavez-les rapidement sous l'eau courante, puis posez-les sur un linge pour les sécher.

• Posez-les en couches dans un petit plat en les poudrant de gros sel au fur et à mesure. Couvrez le plat d'un film alimentaire et réservez 2 h au réfrigérateur.

• Rincez les sardines sous l'eau fraîche et séchez-les soigneusement. Levez les filets et dégustez-les avec du pain, du beurre, un peu de fleur de sel et éventuellement un filet de citron.

• Une fois rincées et séchées, vous pouvez aussi saler de nouveau les sardines et les tasser dans un petit plat. Gardez-les ainsi dans le gros sel 2 à 3 jours : elles seront plus confites et auront rendu un peu d'eau qu'il faut jeter au fur et à mesure. Il est alors inutile d'ajouter de la fleur de sel. Une bonne huile d'olive et un peu de piment d'Espelette avec seront délicieux.

La fraîcheur d'une sardine se vérifie à la couleur de ses ouïes qui ne doivent pas avoir de traces de sang et donc ne pas être rosées. Plus une sardine attend dans la glace ou hors de la glace, plus ses ouïes rougissent.
Pour accompagner ces sardines fraîchement salées, faites un beurre aux herbes (ciboulette, aneth, coriandre, etc.).

avocat, crevettes et pamplemousse en sushis

avocat,

crevette et pamplemousse en sushis

pour 4 personnes/16 sushis
préparation 20 mn
égouttage du riz 1 h
repos 20 mn
cuisson 15 à 20 mn

1 avocat
16 crevettes décortiquées
1 pamplemousse
300 g de riz japonais
quelques brins de ciboulette
un peu de wasabi

Pour la sauce aigre-douce
4 c. à soupe de jus de pamplemousse
1 c. à soupe de sirop de sucre de canne
1 c. à café de Tabasco rouge

• Rincez le riz plusieurs fois jusqu'à ce que l'eau soit limpide. Laissez-le égoutter 1 h, puis versez-le dans une casserole, versez de l'eau jusqu'à 1 cm au-dessus de la surface du riz.
Portez à ébullition, puis laissez cuire à feu doux jusqu'à ce que le riz ait absorbé toute l'eau. Retirez du feu, posez un linge puis un couvercle sur la casserole et laissez reposer 20 mn.

• Pendant ce temps préparez la sauce en mélangeant le jus de pamplemousse, le Tabasco et le sirop de sucre de canne. Pelez l'avocat puis coupez-le en fines lamelles. Lavez et séchez les brins de ciboulette. Détachez et pelez délicatement les quartiers du pamplemousse.

• Prenez un peu de riz entre vos doigts et confectionnez une petite boulette oblongue. Aplatissez-la légèrement, pimentez-la d'un peu de wasabi.

• Posez dessus une lamelle d'avocat, 1 crevette et 1 quartier de pamplemousse. Maintenez le sushi avec un brin de ciboulette et réservez au réfrigérateur. Procédez ainsi pour les 16 sushis. Servez-les accompagnés de sauce aigre-douce.

bouchées
aux crevettes sans cuisson

pour 6 personnes
préparation 20 mn
pas de cuisson

12 crevettes roses cuites (ou plus)
1 poignée de jeunes pousses
de différentes salades
1 avocat
1 paquet de vermicelles de riz
menthe fraîche
1 paquet de galettes de riz
1 gousse d'ail
1 verre de sauce nuoc-mâm
6 c. à soupe de sauce soja
2 c. à soupe de graines de sésame

• Décortiquez les crevettes.

• Lavez et essorez les salades.
Coupez l'avocat en 2. Retirez le noyau et coupez la chair en lamelles.

• Mettez les vermicelles de riz dans de l'eau froide pour les ramollir.

• Posez un torchon propre devant vous sur le plan de travail. Trempez quelques instants une galette de riz dans de l'eau froide. Dès qu'elle est bien molle, posez-la sur le torchon et coupez-la en 2.

• Sur chaque demi-galette, déposez une crevette, quelques feuilles de salade, des vermicelles de riz égouttés, de l'avocat et une feuille de menthe. Puis refermez le paquet et procédez de la même façon jusqu'à épuisement des ingrédients.

• Pelez la gousse d'ail, pressez-la puis mélangez-la à 1 verre de nuoc-mâm et 6 c. à soupe de sauce soja. Ajoutez les graines de sésame, mélangez et réservez au frais jusqu'au moment de servir.

Vous pouvez remplacer les vermicelles de riz par du radis noir ou blanc finement râpé et ajouter un peu de purée de piment dans la sauce.

bouchées aux crevettes sans cuisson

don-don
makis au concombre

pour 32 bouchées
préparation 40 mn
pas de cuisson

300 g de riz au vinaigre de framboise
2 feuilles de nori grillées et coupées en 2 (pour 4 makis)
1/2 concombre
80 g d'un bel avocat
4 belles framboises
un peu de wasabi
1 bol d'eau vinaigrée

• Coupez le concombre en lanières de la longueur d'une feuille de nori. Disposez un tapis de bambou « maki-su » bien en face de vous. Posez la feuille de nori dessus, humectez vos doigts d'eau vinaigrée pour prendre le riz et étalez-le sur la feuille de nori. Faites glisser l'ensemble nori et riz vers l'avant pour libérer le tapis de bambou. Humidifiez-le avec de l'eau vinaigrée. Prenez le nori par les extrémités et retournez-le sur le tapis humidifié. Le riz est maintenant dessous et le nori dessus. Étalez un doigt de wasabi le long de la feuille de nori. Posez 3 ou 4 lanières de concombre bien au centre. Laissez 1 cm sans concombre aux extrémités. Tirez le nori vers vous sur le « maki-su » et roulez le nori à l'aide du tapis en pressant fermement pour obtenir un rouleau serré. Laissez reposer, puis coupez-le en 8 bouchées ou 8 makis.

• Sur la planche à découper, écrasez un peu d'avocat à l'aide d'une spatule et nappez-en vos makis. Faites de même avec les framboises.

Préparer votre riz au vinaigre de framboise :

• Versez dans une casserole 10 cl de vinaigre de framboise, 40 g de sucre et 25 g de gros sel. Faites dissoudre le sucre et le sel, et retirez du feu aussitôt. Utilisez du riz « japonica » ou un riz rond et blanc qui restera ferme à la cuisson. Faites tremper le riz japonica toute une nuit. Si vous n'avez pas de cuit-riz électrique, versez 550 g (soit 70 cl) de riz dans une casserole avec une quantité égale d'eau (70 cl). Ne salez pas. Portez le riz à ébullition, sans couvercle. Dès l'ébullition, baissez le feu au maximum, couvrez et laissez cuire à feu très doux. Étalez le riz uniformément dans un récipient large et plat, versez la préparation au vinaigre dessus, mélangez délicatement et laissez tiédir.

anchois
marinés

pour 6 personnes
préparation 30 mn
marinade 2 jours au minimum
pas de cuisson

30 anchois
4 oignons tiges frais
4 citrons
1 c. à café de graines de coriandre
1 c. à café de baies de genièvre
2 clous de girofle
2 feuilles de laurier
poivre du moulin
vinaigre de vin blanc
huile d'olive

• Demandez au poissonnier de vider les anchois ou bien faites-le vous-même, c'est très simple. Sous un filet d'eau froide, enlevez du bout des doigts les quelques écailles, puis retirez la tête en entraînant les intestins. Glissez le doigt le long de l'arête des deux côtés de façon à décoller la peau, coupez l'arête à la base avec des ciseaux et laissez le petit bout de queue.

• Rincez les anchois au fur et à mesure et déposez-les sur du papier absorbant.

• Pelez et émincez les oignons.

• Dans un récipient (terrine ou bol), mettez quelques oignons émincés, un peu de coriandre et de genièvre et 2 c. à café de vinaigre. Déposez une rangée d'anchois et arrosez d'1 c. à soupe d'huile d'olive. Parsemez d'un peu de poivre moulu et d'un peu de sel, puis à nouveau mettez oignons, coriandre, genièvre, et ainsi de suite jusqu'à épuisement des ingrédients, en terminant par des anchois.

• Recouvrez cette dernière rangée d'huile d'olive, du jus des citrons, des feuilles de laurier et des clous de girofle. Couvrez et mettez au frais au moins 2 jours et jusqu'à 8 jours.

• Sortez les anchois à température ambiante un bon moment avant de les manger .

• Proposez ces anchois dans une salade mélangée ou sur des tartines de pain de campagne grillées et frottées à l'ail.

anchois marinés

salade
de haricots

pour 4 personnes
préparation 15 mn
pas de cuisson

200 g de haricots blancs
2 oignons verts
2 c. à soupe d'olives noires
2 c. à soupe de persil ciselé
1 c. à soupe de câpres égouttées
1 tomate
poivre du moulin

Mélangez les haricots blancs rincés et égouttés avec les oignons émincés, les olives noires coupées en morceaux, le persil, les câpres et la tomate coupée en dés. Salez et poivrez.

tapenade

pour 4 personnes
préparation 15 mn
pas de cuisson

150 g d'olives vertes
5 filets d'anchois
1 c. à soupe de câpres égouttées
3 c. à soupe d'huile d'olive
1 c. à café de citron confit haché finement

Mixez les olives vertes dénoyautées avec les filets d'anchois, les câpres et l'huile d'olive. Ajoutez le citron confit.

crème
de thon

pour 4 personnes
préparation 15 mn
pas de cuisson

100 g de thon à l'huile d'olive
2 c. à soupe de crème épaisse
10 petits oignons au vinaigre
1 c. à soupe de zeste de citron
1 c. à soupe de persil
1 c. à soupe de ciboulette
1 c. à soupe de menthe
poivre du moulin

Écrasez grossièrement le thon égoutté avec la crème, les petits oignons au vinaigre, le zeste de citron râpé, le persil, la ciboulette et la menthe hachés. Salez et poivrez.

salade
de tomates confites

pour 4 personnes
préparation 15 mn
pas de cuisson

100 g de tomates confites
2 échalotes nouvelles (ou 2 oignons nouveaux)
1 c. à soupe d'olives noires
1 tomate
1 c. à soupe de zeste de citron râpé
1 c. à soupe de persil haché
poivre du moulin

• Hachez grossièrement les tomates confites, ajoutez les échalotes (ou les oignons) émincées, les olives noires hachées, la tomate coupée en petits dés, le zeste de citron et le persil. Salez et poivrez.

• Servez avec de gressins ou des tranches de pain grillées.

salade de haricots, tapenade, crème de thon, salade de tomates confites

brochettes
italiennes

pour 4 personnes
préparation 15 mn
cuisson 5 mn

8 tranches fines de jambon de Parme
8 mini-boules de mozzarella di bufala
4 tranches de pain de campagne
4 c. à soupe de pignons de pin
1 bouquet de basilic
1 gousse d'ail
8 c. à soupe d'huile d'olive
poivre du moulin
8 petites piques en bambou

• Grillez les tranches de pain de campagne au grille-pain, puis frottez-les avec la gousse d'ail et arrosez-les d'huile d'olive avant de les couper en cubes.

• Faites griller les pignons à sec dans une poêle. Lavez et séchez délicatement les feuilles de basilic dans du papier absorbant.

• Enfilez sur chaque pique en bambou un cube de pain, puis 1 tranche de jambon de Parme roulée sur elle-même, puis une mini-boule de mozzarella, puis à nouveau un petit morceau de pain.

• Procédez ainsi jusqu'à épuisement des ingrédients, puis posez les petites brochettes dans un plat et arrosez-les d'huile d'olive. Salez, poivrez, parsemez de pignons grillés, de petits morceaux de pain grillé, de basilic et réservez au réfrigérateur jusqu'au moment de servir.

Vous pouvez remplacer le jambon de Parme par du San Daniele ou tout autre jambon cru de nos régions (Bayonne, Vendée, etc.).

cabillaud
en bouchées marinées

pour 4 personnes
préparation 15 mn
marinade 1 h
pas de cuisson

4 pavés de cabillaud de 100 g chacun
8 piquillos (en conserve)
1 oignon frais
3 gousses d'ail
1 petit morceau de piment
1 c. à café de câpres
1 petit morceau de citron confit ou
de zeste de citron
le jus d'1 citron
huile d'olive

• Coupez les pavés de cabillaud en 4 et mettez-les dans un plat creux.

• Pelez l'oignon et coupez-le en 2. Pelez l'ail, ôtez le germe. Mettez l'ail dans le bol d'un petit robot avec l'oignon, le piment, les câpres, le citron. Mixez par à-coups pour obtenir un hachis. Ajoutez le jus de citron et un peu d'huile d'olive.

• Versez sur les morceaux de poisson. Laissez mariner 1 h. Ôtez la marinade. Recouvrez chaque morceau de cabillaud d'une moitié de piquillo, déposez 1 c. à café de marinade sur chaque bouchée et réservez au frais jusqu'au moment de servir.

• Pour une version cuite de ces bouchées, faites-les revenir avec un peu d'huile de la marinade dans une poêle chaude, 2 mn de chaque côté, retournez-les délicatement et servez aussitôt.

pastèque
et crabe à l'avocat

pour 4 personnes
préparation 20 mn
pas de cuisson

500 g de pastèque + 4 belles tranches rondes avec la peau
2 avocats un peu fermes
4 pinces de tourteau ou 1 boîte de crabe de bonne qualité de 200 g
(soit 120 g de chair de crabe égouttée)
4 branches d'aneth
2 c. à café de Tabasco
3 c. à soupe d'huile d'olive
1/2 c. à café de jus de citron vert
1 cm de gingembre frais

• Faites cuire 10 mn les pinces de tourteau dans de l'eau bouillante bien salée, puis laissez-les légèrement tiédir. Décortiquez-les.

• Mélangez en les émulsionnant l'huile d'olive, le jus de citron et le Tabasco. Salez et ajoutez le gingembre pelé et pressé dans un presse-ail.

• Lavez, séchez et hachez l'aneth.

• Pelez les avocats, sans les couper en deux et tranchez-les en rondelles fines de part et d'autre du noyau. Badigeonnez chaque tranche de vinaigrette épicée.

• Émincez les 500 g de pastèque en copeaux.

• Émiettez le crabe et mélangez-le à l'aneth.

• Montez quatre mille-feuilles en alternant des rondelles d'avocat, du crabe et des copeaux de pastèque. Maintenez le tout avec une pique à brochette en bambou et arrosez du reste de vinaigrette. Présentez ces mille-feuilles sur une tranche de pastèque.Réservez au frais jusqu'au moment de servir.

Vous trouverez désormais du Tabasco vert, moins épicé que le rouge. Avis aux amateurs de sensations moins fortes.
Il est beaucoup plus aisé de décortiquer des crabes tièdes que froids car la chair, en refroidissant, adhère à la carapace.

pastèque et crabe à l'avocat

sushis
au bœuf d'alpage

pour 6 personnes
préparation 30 mn
cuisson 20 mn

Pour les sushis
120 g de bœuf d'alpage
300 g de riz japonais
3 dl de vinaigre de riz spécial sushis
1 pincée de wasabi en poudre
3 feuilles de nogaï

Pour servir
gingembre au vinaigre
pâte de wasabi
sauce soja Kikkoman

• Placez le bœuf au congélateur pour le durcir.

• Faites cuire le riz dans un cuit-vapeur pendant 20 mn. Laissez-le refroidir un peu. Lorsque le riz est tiède, incorporez le vinaigre, 1 pincée de sel, le wasabi en poudre et le nogaï préalablement émincé.

• Façonnez le riz à la main en formant des petits cylindres. Sortez le bœuf du congélateur et découpez-le en tranches très fines.

• Recouvrez chaque cylindre de riz d'une fine tranche de bœuf.

• Servez les sushis aussitôt, accompagnés de lamelles de gingembre au vinaigre, de pâte de wasabi et de sauce soja.

• Dégustez les sushis sans délai. Conservés au réfrigérateur, ils perdraient leur saveur.

• À défaut de bœuf d'alpage, demandez à votre boucher un bœuf de très bonne qualité.

Le nogaï est une algue japonaise. Comme le wasabi, on le trouve dans les épiceries japonaises ou chinoises.

navettes
tomates-poivrons

pour 8 enfants
préparation 20 mn
repos 2 h
cuisson 50 mn

30 mini pain au lait, dit « navettes »
(à commander à l'avance chez votre boulanger)
2 boîtes ou bocaux de poivrons pelés
3 boîtes de tomates concassées
1 gousse d'ail
2 c. à soupe d'huile d'olive

Préparez la compotée :

• Égouttez les poivrons et coupez-les en petits morceaux.

• Faites-les revenir dans une sauteuse avec l'huile d'olive. Remuez souvent et ajoutez l'ail écrasé vers la fin.

• Versez les tomates concassées, salez et poivrez. Laissez cuire à feu moyen pendant 40 à 45 mn en remuant souvent. Laissez refroidir et réservez au réfrigérateur.

Préparez les navettes :

• Coupez les pains au lait en deux et tartinez-les avec la compotée tomates-poivrons.

La compotée peut se faire jusqu'à trois jours à l'avance. Elle supporte aussi très bien le congélateur.

tomates
confites

pour 6 personnes
préparation 10 mn
cuisson 1 h à 3 h

20 tomates de taille moyenne bien sucrées
huile d'olive
fleur de sel
poivre du moulin
sucre en poudre
branches de thym frais

• Allumez le four sur th. 3-4/110 °C, sortez la plaque et tapissez-la d'une feuille de papier sulfurisé. Lavez et essuyez les tomates, coupez-les en deux dans le sens de la longueur et disposez-les au fur et à mesure sur la plaque, côté coupé vers le haut. Salez, poivrez, saupoudrez d'une pincée de sucre, arrosez d'un filet d'huile d'olive et parsemez de thym.

• Faites cuire les tomates pendant 1 h minimum si vous les utilisez par exemple pour une tarte car elles vont recuire ensuite et jusqu'à 3 h si vous voulez les conserver quelque temps.

Pour obtenir du caviar de tomates confites, il suffit de mixer les tomates confites bien desséchées à l'aide d'un mixeur ou d'une moulinette, en procédant par à-coups et en ajoutant de l'huile d'olive pour émulsionner la préparation. Salez et poivrez à la fin.

dip de carottes
à l'anchois

pour 4 personnes
préparation 15 mn
pas de cuisson

180 g de purée de carottes
1 c. à café de pâte tandoori
6 filets d'anchois au sel
2 pommes granny-smith ou pink lady
1/2 citron

• Dessalez les filets d'anchois.

• Passez la purée de carottes au mixeur avec la pâte tandoori et les filets d'anchois jusqu'à obtenir une consistance bien lisse. Gardez au frais.

• Rincez les pommes et coupez-les en quartiers, plongez-les dans l'eau citronnée pour les empêcher de noircir. Piquez-les sur des bâtonnets et servez-les avec le dip.

radis
« vivants »

pour 4 personnes
préparation 10 mn
pas de cuisson

1 botte de radis avec leurs fanes
1 barquette de fromage frais (St Môret)
6 brins de ciboulette
3 brins de cerfeuil
2 brins d'estragon
quelques gouttes de jus de câpres au vinaigre
4 tranches de pain de seigle
poivre blanc du moulin

• Lavez, séchez et ciselez aussi finement que possible la ciboulette, le cerfeuil et l'estragon.

• Fouettez le fromage frais au batteur électrique, ajoutez les herbes ciselées et le jus des câpres au vinaigre et mélangez.

• Poivrez, couvrez d'un film alimentaire et réservez au frais.

• Passez les radis sous l'eau froide pour ôter la terre et plongez-les 15 mn dans un saladier d'eau froide dans lequel vous aurez mis quelques glaçons. Les fanes garderont leur fraîcheur et leur couleur vert tendre.

• Faites griller le pain de seigle et réduisez le en miette dans un robot.

• Mettez la « terre » ainsi obtenue dans un petit pot, plantez les radis afin de laisser sortir leurs fanes, puis servez avec le fromage frais aux herbes.

Préferez les radis de petite taille, les gros peuvent être piquants et surtout spongieux.

caviar
de piquillos et chèvre frais

pour 4 personnes
préparation 10 mn
pas de cuisson

12 piquillos
1 chèvre frais
1 gousse d'ail
3 feuilles de basilic
2 c. à soupe d'huile d'olive fruitée
fleur de sel
poivre du moulin

• Pelez la gousse d'ail et dégermez-la. Lavez, séchez et hachez le basilic. Égouttez les piquillos. Réservez-en 2.

• Mixez grossièrement 10 piquillos avec le fromage de chèvre frais, l'huile d'olive, la gousse d'ail et le basilic.

• Découpez les 2 piquillos réservés en dés. Ajoutez-les à la préparation. Salez avec un peu de fleur de sel et poivrez.

• Servez le caviar en dip sur des tartines de pain de campagne grillées ou pour accompagner des crudités, des pommes de terre grenaille cuites à la vapeur.

Cette recette sert de base à une tarte salée aux piquillos : étalez sur un fond de pâte feuilletée précuite une couche épaisse de caviar de piquillos. Répartissez 6 piquillos par-dessus. Versez 25 cl de crème épaisse préalablement mélangée à 2 œufs entiers et 2 jaunes. Salez, poivrez. Mettez au four th. 6/180 °C pendant 25 mn.

caviar de piquillos et chèvre frais

MOELLEUSES

boulettes
de millet aux épices

pour 6 personnes
préparation 15 mn
cuisson 15 mn

150 g de graines de millet
2 carottes
2 oignons frais
1 œuf entier
1 c. à café de curcuma en poudre
1 c. à café de curry
1/2 bouquet de coriandre fraîche
100 g de chapelure
20 cl d'huile d'arachide
gros sel

Pour la sauce
1 yaourt grec nature
1 blanc d'œuf battu
le zeste d'1 citron râpé

• Épluchez les carottes et coupez-les en petits dés.

• Dans une casserole, faites chauffer 40 cl d'eau avec les épices, 2 pincées de sel marin. Lorsque l'eau bout, ajoutez les dés de carotte et le millet. Laissez cuire 15 mn sans remuer. Le millet est cuit lorsqu'il a absorbé toute l'eau. Laissez refroidir.

• Émincez finement les oignons, ciselez la coriandre. Mélangez le millet et les carottes avec les oignons, la coriandre, l'œuf entier, rectifiez l'assaisonnement.

• Mettez la chapelure dans une assiette creuse. Formez des boulettes de préparation entre vos mains et roulez-les dans la chapelure.

• Versez l'huile dans une sauteuse et faites dorer les boulettes sur toutes les faces.

• Pendant ce temps, préparez la sauce. Dans un bol, mélangez le yaourt grec avec le blanc d'œuf battu et le zeste de citron râpé. Servez les boulettes avec la sauce.

mini-cakes
de courgettes à la menthe

pour 6 à 8 personnes
préparation 15 mn
cuisson 25 mn

3 courgettes râpées (400 g environ)
80 g de comté râpé
80 g de parmesan râpé
200 g de farine
3 œufs
10 cl d'huile d'olive
10 cl de lait
1 sachet de levure
3 c. à soupe de menthe ciselée

• Préchauffez le four à th. 6/180 °C.

• Versez 2 c. à soupe d'huile d'olive dans une sauteuse et faites fondre les courgettes râpées pendant 5 mn environ.

• Dans un saladier, mélangez la farine et la levure. Creusez un puits et ajoutez les œufs, le reste d' huile et le lait. Incorporez délicatement à la farine.

• Ajoutez les fromages râpés, les courgettes et la menthe.

• Salez, poivrez et versez dans des moules en silicone alvéolés. Enfournez pour 20 mn.

Vous pouvez cuire votre cake dans un grand moule, dans ce cas le temps de cuisson sera de 45 mn.

mini-cakes
à la carotte

pour 10 mini-cakes
préparation 10 mn
cuisson 12 mn

500 g de carottes jeunes
1 yaourt nature
3 œufs
80 g de gruyère râpé
2 c. à soupe de cumin en poudre
150 g de farine
1 sachet de levure chimique
3 c. à soupe d'huile d'olive
10 g de beurre

• Lavez et pelez les carottes, puis coupez-les en tronçons et faites-les cuire au cuit-vapeur durant 15 mn.

• Préchauffez votre four à th. 6/180 °C.

• Mixez les carottes cuites avec les œufs, le yaourt, la levure, la farine, le cumin et l'huile jusqu'à obtenir une purée fine. Salez et poivrez selon votre goût.

• Versez dans des petits moules préalablement beurrés et saupoudrez de gruyère râpé.

• Faites cuire les cakes 12 mn environ.

• Servez tiède.

Vous pouvez aussi préparer un seul gâteau et le découper en parts. Le temps de cuisson sera alors de 35 mn.

beignets
d'aubergines et chorizo

pour 6 personnes
préparation 20 mn
repos 1 h
cuisson 15 mn

3 aubergines (bringelles)
250 g de ricotta
20 tranches fines de chorizo
(d'un diamètre égal aux tranches d'aubergine)
quelques brins de persil plat
piment d'Espelette
gros sel
huile pour friture

Pour la pâte à beignets
250 g de farine
2 œufs
30 cl d'eau
1 c. à café rase de levure chimique
1 pincée de curcuma
1 c. à soupe d'huile d'olive

• Dans un bol, mélangez la farine, les œufs, l'huile, le curcuma, la levure, du poivre et du sel jusqu'à formation d'une pâte épaisse.

• Versez l'eau petit à petit en tournant vivement. Laissez reposer 1 h.

• Lavez les aubergines et coupez-les en rondelles de 1,5 cm d'épaisseur. Faites-les dégorger 20 mn avec du gros sel , puis rincez-les et séchez-les.

• Pendant ce temps, ciselez finement les feuilles de persil. Ajoutez-les à la ricotta, assaisonnez de sel et de piment d'Espelette et mélangez le tout avec une fourchette.

• Ouvrez dans leur épaisseur les tranches d'aubergine sans les couper jusqu'au bout. Glissez 1 tranche de chorizo et déposez par-dessus 1 c. à café de farce à la ricotta.

• Plongez les rondelles dans la pâte à beignets puis dans l'huile chaude d'une friteuse.Faites-les frire 3 à 4 mn, jusqu'à ce que les beignets soient bien dorés.

• Déposez-les sur un papier absorbant et dégustez aussitôt.

blinis
de pommes de terre

pour 20 blinis
préparation 10 mn
cuisson 30 à 40 mn

500 g de chair de pommes de terre
(soit 700 g de pommes de terre à chair farineuse type belle de Fontenay)
3 œufs
1 botte de ciboulette
150 g de farine
15 cl de lait entier
10 cl de crème fleurette
50 g de beurre
poivre du moulin

• Lavez les pommes de terre et faites-les cuire à l'eau avec la peau. Pelez-les et passez-les au moulin à légumes muni d'une grille fine.

• Cassez les œufs en séparant les blancs des jaunes. Lavez et ciselez la ciboulette.

• Mélangez les jaunes d'œufs à la purée de pommes de terre. Ajoutez le lait, la crème fleurette, la ciboulette puis la farine tamisée, salez et poivrez. Battez les blancs d'œufs en neige et incorporez-les délicatement à la préparation.

• Faites fondre un peu de beurre dans une petite poêle antiadhésive (ou mieux encore dans une poêle à blinis) et versez une louchette de pâte à blinis.

• Faites cuire 3 mn le blini à feu doux, puis retournez-le délicatement et faites-le cuire à nouveau 3 mn. Procédez ainsi jusqu'à épuisement de la pâte et réservez les blinis dans le four préchauffé th. 5/150 °C.

• Servez-les tièdes, garnis d'œufs de saumon et de crème fouettée salée.

Pour une saveur plus prononcée, remplacez la farine de froment par de la farine de sarrasin. Dégustez alors ces blinis tièdes avec un bol de lait caillé, appelé aussi lait ribot ou kéfir.

La pomme de terre donne aux blinis une saveur sucrée qui se marie parfaitement avec les pommes fruits sautées au beurre et au miel. Dans ce cas, remplacez le sel et le poivre par un peu de cannelle et, bien sûr, ne mettez pas de ciboulette dans la pâte.

daurade,
huîtres et maquereaux caramélisés

pour 2 personnes
préparation 20 mn
repos 20 mn

150 g de filets de daurade
2 filets de maquereau
2 huîtres coupées en morceaux
le zeste râpé d'un cumbawa
sauce soja
huile de sésame
fleur de sel
coriandre fraîche très finement ciselée
1 ou 2 c. à soupe de sucre semoule

• Découpez la daurade en petits dés.

• Assaisonnez de sauce soja, de zeste râpé de cumbawa, de sel et de coriandre. Laissez reposer 20 mn.

• Faites mariner rapidement les filets de maquereau dans un peu de sauce soja et huile de sésame. Coupez-les en morceaux de la taille d'une bouchée.

• Faites des petits tas de tartare de daurade, placez un morceau d'huître dessus, enfin un morceau de maquereau. Saupoudrez d'un peu de sucre et faites caraméliser la peau du maquereau au chalumeau. Servez immédiatement.

pains au pavot et haddock, toasts au saumon fumé, tartines au rosbif et à la menthe

pains
au pavot et haddock

pour 6 petits pains
préparation 10 mn
pas de cuisson

6 petits pains au pavot
100 g de haddock
1 mini-concombre
1 pot de cottage cheese
poivre du moulin

• Émincez le haddock et coupez le concombre en rondelles très fines.

• Fendez les petits pains et garnissez-les de cottage cheese. Ajoutez quelques rondelles de concombre, un peu de poivre et de haddock émincé.

toasts
au saumon fumé

pour 6 toasts
préparation 15 mn
pas de cuisson

6 tranches de pain de mie rond
1 belle tranche de saumon fumé
10 cl de crème fleurette
6 pétales de gingembre au vinaigre (rayon asiatique des supermarchés)
aneth

• Toastez les tranches de pain de mie. Montez la crème fleurette en chantilly. Coupez le saumon en lamelles.

• Posez en rosace le saumon sur les toasts, ajoutez un peu de crème chantilly, un pétale de gingembre mariné et un peu d'aneth.

tartines
au rosbif et à la menthe

pour 6 tartines
préparation 10 mn
pas de cuisson

6 tranches fines de pain au levain
6 tranches fines de rosbif cuit
6 c. à café de moutarde
3 tiges de menthe fraîche

• Gardez entières quelques jolies feuilles de menthe et hachez très finement les autres. Mélangez-les à la moutarde.

• Toastez légèrement les tranches de pain, puis tartinez-les de moutarde à la menthe. Couvrez-les d'une tranche de rosbif et ajoutez une feuille de menthe.

muffins
petits pois et lardons

pour 30 muffins
préparation 15 mn
cuisson 20 mn

200 g de petits pois surgelés
200 g de farine
3 œufs
10 cl de lait
10 cl d'huile d'olive
1 sachet de levure
100 g de comté râpé
100 g de lardons allumettes
3 c. à soupe de persil ciselé

• Préchauffez le four à th. 6/180 °C.

• Faites cuire les petits pois dans une casserole d'eau bouillante salée la moitié du temps indiqué sur le paquet.

• Dans un saladier, mélangez la farine et la levure.

• Creusez un puits et ajoutez les œufs, l'huile et le lait.

• Incorporez délicatement à la farine.

• Ajoutez le fromage râpé, les lardons, les petits pois égouttés et le persil. Salez très légèrement, poivrez, et versez dans un moule alvéolé en silicone.

• Enfournez 15 mn environ. Le dessus doit être doré. Dégustez les muffins chauds ou froids.

muffins petits pois et lardons

tacos
aux crevettes

pour 6 personnes
préparation 20 mn
cuisson 5 mn

1 paquet de tacos
400 g de crevettes roses
3 tomates
1 poivron rouge
4 oignons nouveaux
1 gousse d'ail
1 piment vert ou rouge
5 tiges de coriandre
2 c. à soupe d'huile d'olive

• Préparez la farce. Décortiquez les crevettes roses et coupez-les en petits cubes. Gardez-les au frais.

• Pelez et épépinez les tomates et le poivron. Coupez-les en petits dés, ainsi que les oignons.

• Préchauffez le four à th. 7/210 °C. Pilez l'ail avec le piment. Hachez la coriandre.

• Faites revenir le tout avec les crevettes dans une grande poêle avec un peu d'huile d'olive.

• Déposez la farce sur les tacos et roulez-les. Passez-les au four 4 mn. Servez avec une salade verte.

Les tacos sont des galettes de farine de maïs, on les trouve en grandes surfaces au rayon des produits tex-mex.

tacos aux crevettes

beignets
d'oignons au cumin

pour 4 personnes
préparation 15 mn
cuisson 20 mn

2 œufs
2 ou 3 gros oignons (rouges, doux, etc.)
150 g de farine
1 c. à café de cumin
25 cl de bière
huile pour friture

• Séparez les blancs des jaunes des 2 œufs (réservez les blancs).

• Dans un saladier, mélangez la farine, le cumin et les jaunes d'œufs. Incorporez la bière en mélangeant doucement.

• Faites chauffer l'huile de friture.

• Pelez les oignons et coupez-les en rondelles de 3 mm d'épaisseur. Séparez les rondelles en anneaux.

• Battez les blancs réservés et incorporez-les délicatement à la pâte .

• Avec une fourchette, trempez quelques anneaux d'oignon dans la pâte à beignets et déposez-les dans l'huile chaude (pas trop à la fois).

• Dès qu'ils sont dorés, sortez-les et égouttez-les. Salez et servez aussitôt.

beignets
de potimarron

pour 6 personnes
préparation 20 mn
cuisson 15 mn

200 g de pulpe de potimarron
3 c. à soupe de persil plat
2 pincées de noix muscade
100 g de farine
1 sachet de levure chimique
1/2 c. à soupe de sucre
1/2 c. à café de sel
1 l d'huile d'arachide

• Lavez, séchez et hachez le persil.

• Tamisez la farine et la levure au-dessus d'un saladier. Ajoutez le sucre et le sel. Versez 15 cl d'eau en fouettant jusqu'à obtention d'une pâte lisse.

• Râpez le potimarron au-dessus du saladier avec une râpe à gros trous. Mélangez, ajoutez la muscade et le persil.

• Faites chauffer l'huile dans une casserole. Lorsqu'elle est chaude, déposez des boulettes de pâte dans la casserole à l'aide d'une cuillère à café. Les beignets sont prêts lorsqu'ils remontent à la surface et qu'ils ont pris une couleur dorée sur toutes les faces.

• Retirez-les et égouttez-les sur du papier absorbant. Servez bien chaud.

Si vous possédez une pince à spaghettis, c'est l'ustensile idéal. Elle sera très utile pour retourner et attraper les beignets dans l'huile chaude.

Vous pouvez servir ces beignets avec une salade mélangée à base de chicorée, trévise, endives et frisée, arrosée d'une vinaigrette à l'huile de noix ou de noisette.

boulettes
de viande sucrées-salées

pour 4 à 6 personnes
préparation 25 mn
cuisson 10 mn

300 g de viande de bœuf hachée
25 g de raisins secs blonds
25 g de pignons
50 g d'agrumes confits
(écorces d'orange, citron, cédrat)
100 g de mie de pain rassise
1 jaune d'œuf
4 c. à soupe de bon parmesan fraîchement râpé
2 c. à soupe de pecorino
(fromage de brebis affiné)
1 gousse d'ail
quelques feuilles de persil plat
huile pour friture

• Dans 2 bols séparés, faites tremper dans un peu d'eau le pain et les raisins secs. Dégermez l'ail et hachez-le finement. Détaillez les fruits confits en petits dés.

• Essorez et émiettez la mie de pain. Égouttez les raisins secs.

• Dans un saladier, mélangez la viande hachée, la mie de pain, le jaune d'œuf, le parmesan, le pecorino, l'ail, les fruits confits, les raisins secs et les pignons. Salez et poivrez.

• Mélangez longuement et intimement tous les ingrédients. Confectionnez des petites boules de 20 g environ.

• Faites chauffer l'huile dans une casserole assez profonde à feu vif sans la faire fumer. Plongez-y les boulettes de viande et faites-les colorer de tous côtés (3 à 4 mn de cuisson).

• À l'aide d'une écumoire, sortez la viande et laissez-la s'égoutter sur du papier absorbant. Réservez au chaud, dans le four par exemple, à th. 3-4/90-100 °C.

• Au moment de servir, piquez les boulettes avec une feuille de persil plat sur des bâtonnets en bambou. Dégustez sans attendre.

Si votre farce est trop compacte, ajoutez le blanc de l'œuf.

Il est très important de bien mélanger et « écraser » ensemble tous les ingrédients de la farce et de rouler minutieusement les boulettes afin qu'elles ne s'ouvrent pas lors de la cuisson.

Servez-les à l'apéritif ou en entrée, accompagnées d'une salade de jeunes pousses ou d'un carpaccio de fenouil.

boulettes de viande sucrées-salées

ailerons
de poulet sauce barbecue

pour 4 à 6 personnes
préparation 25 mn
cuisson 1 h

750 g d'ailerons de poulet
25 cl de ketchup
30 g de sucre roux
2 c. à soupe de sirop de maïs
2 c. à soupe de mélasse
2 c. à soupe de vinaigre de cidre
2 c. à soupe de sauce Worcestershire
2 c. à soupe de moutarde
1/2 c. à café de piment en poudre
ou de Tabasco
1 c. à soupe de paprika

• Mélangez dans une casserole, le ketchup avec le sucre roux, le sirop de maïs, la mélasse, le vinaigre de cidre, la sauce Worcestershire, la moutarde, le piment en poudre ou le Tabasco, et le paprika. Faites réduire à feu doux pendant 20 à 30 mn.

• Préchauffez le four à th. 8/240 °C. Salez et poivrez les ailerons de poulet. Disposez-les dans un plat à four muni d'une grille et faites cuire au four pendant 15 à 20 mn.

• Badigeonnez le poulet de sauce barbecue et poursuivez la cuisson pendant 15 mn environ en badigeonnant le poulet régulièrement de sauce. Servez avec le reste de sauce et du riz nature.

ailerons de poulet sauce barbecue

petits pains
au tapioca et au fromage

pour 30 pièces
préparation 15 mn
cuisson 30 mn

100 g de tapioca en flocons (Tipiak)
75 g d'emmenthal râpé
50 g de parmesan râpé
25 cl de lait entier pasteurisé
100 g de farine
100 g de beurre
3 œufs
la pointe d'un couteau de noix muscade râpée
1/2 c. à café de sel fin

• Portez le lait à ébullition avec le beurre, la noix muscade et le sel.

• Versez les flocons de tapioca et prolongez la cuisson à feu doux 7 mn, jusqu'à obtention d'une pâte homogène et élastique.

• Laissez refroidir cette pâte, puis incorporez les œufs, 80 g de farine, 50 g d'emmenthal et le parseman (vous pouvez effectuer cette opération au robot).

• Préchauffez le four th. 6/180 °C.

• Prenez l'équivalent d'une généreuse cuillerée à café de pâte, poudrez-la de farine et roulez-la dans vos mains pour former une boule de la taille d'une noix.

• Procédez ainsi jusqu'à épuisement de la pâte, en déposant ces petites boules sur une tôle de four tapissée d'un papier sulfurisé.

• Parsemez-les d'emmenthal râpé et enfournez.

• Lorsque les petits pains sont dorés, sortez-les du four et mangez-les encore tièdes.

Le tapioca donne à ces petits pains une texture un peu élastique et aérée.

Il vaut mieux les déguster tièdes. Préparez donc la pâte à l'avance et faites-les cuire au dernier moment. Vous pouvez toutefois les réchauffer au four 10 mn à th. 6/180 °C.

Si vous avez envie d'un goût de fromage plus prononcé, remplacez l'emmenthal par du parmesan ou du comté et réduisez le sel.

petits pains au tapioca et au fromage

boulettes
à la coriandre

pour 4 à 6 personnes/30 boulettes
préparation 20 mn
cuisson 20 mn

500 g de bœuf haché
1 oignon
1 gousse d'ail
1 bouquet de coriandre
(ou 5 c. à soupe de coriandre ciselée)
1 c. à café de cumin
2 tranches de pain de mie
(ou 50 g de mie de pain)
10 cl de lait
2 œufs
4 c. à soupe de farine
10 cl d'huile d'olive

• Faites tremper la mie de pain dans le lait. Dans un saladier, mélangez la viande hachée avec la mie de pain égouttée.

• Incorporez l'oignon et l'ail hachés très petit, la coriandre ciselée, le cumin, 1 œuf légèrement battu, du sel, et du poivre.

• Étalez la farine dans une assiette et le 2e oeuf battu dans une autre.

• Humidifiez vos mains et formez des petites boulettes. Roulez-les dans la farine puis dans l'œuf battu.

• Faites chauffer la moitié de l'huile d'olive dans une poêle antiadhésive ou une sauteuse et laissez dorer la moitié des boulettes sur feu moyen, en les retournant régulièrement. Elles doivent dorer sur tous les côtés. Réservez-les sur du papier absorbant et jetez l'huile souillée. Essuyez la poêle avant de verser le reste d'huile et poursuivez la cuisson des boulettes restantes de la même façon. Laissez refroidir et réservez au frais.

Vous pouvez préparer ces boulettes à l'avance et même les congeler.

CROQUANTES ET CROUSTILLANTES …

tuiles
aux graines et aux épices

pour 15 tuiles
préparation 15 mn
repos 2 h
cuisson 6 à 8 mn

90 g de farine
2 c. à soupe de graines de sésame,
1 c. à café de curry
4 petits blancs d'œufs
80 g de beurre
pavot, etc.

• Fouettez les blancs d'œufs jusqu'à les faire mousser.

• Faites fondre le beurre dans une petite casserole ou au micro-ondes.

• Mélangez la farine avec le beurre, puis ajoutez les blancs d'œufs battus. Fouettez bien, puis ajoutez 1 pincée de sel et le curry.

• Réservez cette pâte, recouverte d'un film alimentaire, au moins 2 h au réfrigérateur.

• Préchauffez le four à th. 5-6/170 °C.

• Sur une plaque recouverte de papier sulfurisé, étalez 1 c. à café de pâte à tuiles en forme de petit disque le plus fin possible. Faites de même avec le reste de pâte.

• Parsemez de graines. Glissez la plaque au four et laissez cuire 6 à 8 mn, jusqu'à ce que les tuiles soient bien dorées.

• Décollez-les immédiatement et déposez-les sur un rouleau à pâtisserie, recouvrez les de papier absorbant et laissez-les refroidir.

N'hésitez pas à varier les saveurs en remplaçant des épices par du cumin, des herbes de Provence, du thym, etc.

fruits secs grillés
et épicés

pour 4 personnes
préparation 5 mn
cuisson 15 mn

50 g de noix de cajou non grillées
50 g d'amandes non grillées
50 g de noisettes non grillées
50 g de noix de macadamia non grillées
1 c. à café de piment d'Espelette
1 blanc d'œuf

• Préchauffez le four à th. 7/210 °C.

• Fouettez rapidement le blanc d'œuf à la fourchette pour qu'il blanchisse.

• Enrobez les fruits secs de blanc d'œuf battu, puis poudrez-les de sel fin et de piment.

• Posez-les sur la tôle du four couverte de papier sulfurisé et enfournez.

• Lorsque les fruits secs sont grillés, laissez-les refroidir, puis gardez-les dans une boîte qui ferme hermétiquement pour qu'ils restent croquants.

• Ils sont délicieux servis à l'apéritif.

Vous pouvez créer votre mélange d'épices vous-même : cannelle, piment, gingembre, ou cumin, piment, muscade, ou girofle, piment, coriandre… N'oubliez pas de les saler. Pour donner un léger goût fumé, utilisez le « sel Vikings » fumé créé par Terre exotique.

fruits secs grillés et épicés

sablés

aux noisettes, saint-jacques à l'huile de gingembre

pour 8 personnes
préparation 25 mn
repos 10 mn
cuisson 20 à 25 mn

24 noix de saint-jacques sans corail
1 tronçon de gingembre
piment en poudre
10 cl d'huile d'olive douce
fleur de sel

Pour la pâte
120 g de farine complète (type 60)
40 g de noisettes en poudre
80 g de beurre
1 c. à soupe de crème fraîche épaisse
1 petit œuf
poivre du moulin

• Préparez la pâte. Mettez la farine, le beurre froid en morceaux, les noisettes, du sel, du poivre, dans le bol d'un robot et mixez jusqu'à obtenir un mélange sableux.

• Ajoutez l'œuf entier, la crème et 2 c. à soupe d'eau froide, puis mixez par à-coups jusqu'à ce que la pâte forme une boule. Enveloppez-la dans un film et mettez-la 10 mn au congélateur.

• Pelez le gingembre, coupez-le en lamelles, puis recoupez les lamelles en fins bâtonnets.

• Faites chauffer l'huile d'olive dans une casserole sur feu très doux, ajoutez le gingembre et laissez-le confire 5 à 6 mn : l'huile ne doit pas frémir. Laissez infuser à couvert.

• Préchauffez le four à th. 7/210 °C. Étalez la pâte sur le plan de travail fariné, découpez 24 sablés avec un petit verre retourné et posez-les au fur et à mesure sur la plaque du four tapissée d'un papier sulfurisé. Baissez le thermostat à th. 6/180 °C et faites cuire les sablés 10 à 15 mn. Laissez-les ensuite refroidir et réservez-les au sec.

• Au moment de servir, faites chauffer le four à th. 8-9/250 °C, posez les saint-jacques sur la plaque du four, sur une feuille d'alu. Arrosez-les d'huile au gingembre, parsemez de fleur de sel et de piment, répartissez quelques filaments de gingembre dessus et faites-les cuire environ 6 mn.

• Au dernier moment, faites dorer les saint-jacques : positionnez le four sur gril quelques minutes ou bien poêlez-les avec l'huile de gingembre. Déposez les noix sur chaque sablé et servez.

sablés aux noisettes, saint-jacques à l'huile de gingembre

croustillants

de sardines à l'aubergine

pour 4 personnes
préparation 20 mn
cuisson 15 mn

4 feuilles de brick
2 boîtes de sardines
1 aubergine
2 tomates
4 lamelles de tomates séchées
2 brins de basilic
1 c. à café de vinaigre de xérès
1 c. à café de cumin en poudre
2 c. à soupe d'huile d'olive

• Lavez, séchez l'aubergine et coupez 4 lamelles de 0,5 cm d'épaisseur dans le sens de la longueur.

• Faites chauffer 1 c. à soupe d'huile d'olive dans une poêle antiadhésive. Poêlez les lamelles d'aubergines 3 mn sur chaque face à feu assez vif, arrosez avec le vinaigre de xérès. Laissez évaporer, salez, poivrez et gardez au chaud.

• Détachez les feuilles de brick de leur support. Au centre de chacune, déposez une lamelle d'aubergine, 2 filets de sardine et 1 lamelle de tomate séchée.Saupoudrez de cumin, salez, poivrez et repliez la feuille en un petit paquet rectangulaire.

• Faites chauffer le reste de l'huile d'olive dans la poêle et faites dorer les croustillants 4 mn de chaque côté sur feu assez vif.

• Pendant ce temps, épépinez les tomates et coupez-les en petits dés. Salez, poivrez et ajoutez le basilic ciselé. Répartissez-les dans le fond des assiettes et déposez les croustillants dessus. Servez avec une salade aux pignons grillés.

Vous pouvez utiliser des sardines déjà épicées. Dans ce cas, supprimez le cumin.

nems
au confit de canard et aux truffes

pour 6 à 8 personnes/30 nems
préparation 30 mn
trempage 15 mn
cuisson 30 mn

500 à 600 g de confit de canard
(ou 250 g de confit désossé)
100 g de truffes noires
220 g de chair à saucisse
6 gousses d'ail
4 petits oignons
3 échalotes
30 galettes de riz
25 g de vermicelle de riz
1 c. à soupe de ciboulette
40 cl d'huile végétale
1 c. à soupe de farine

• Faites tremper le vermicelle dans de l'eau pendant 15 mn. Égouttez-le et coupez-le en tronçons de 7 cm.

• Épluchez et hachez l'ail, les oignons et les échalotes. Détachez la chair des os du confit, hachez-la grossièrement. Hachez aussi la peau.

• Faites revenir la peau dans le wok à feu doux jusqu'à ce qu'elle soit croustillante. Égouttez-la sur du papier absorbant.

• Jetez la graisse du wok, faites revenir la chair à saucisse jusqu'à ce qu'elle raidisse, puis ajoutez l'ail, les oignons et les échalotes. Laissez cuire 10 mn. Versez dans une passoire.

• Brossez les truffes et hachez-les grossièrement. Mélangez la chair à saucisse avec le vermicelle, les truffes, la chair et la peau de canard, ajoutez la ciboulette, salez, poivrez, mélangez le tout.

• Mélangez la farine avec 1 c. à soupe d'eau. Faites ramollir les galettes de riz en les plongeant 15 s dans de l'eau. Étalez-les sur un torchon.

• Disposez 1 c. à soupe de farce sur chaque galette. Repliez la galette autour de la farce et fermez les côtés. Badigeonnez les bords avec le mélange farine-eau pour que les rouleaux ne se défassent pas.

• Chauffez l'huile dans le wok et faites frire les rouleaux jusqu'à ce qu'ils soient dorés.

Ces nems sont si parfumés qu'ils se passent de sauce. Servez-les à l'apéritif ou avec une salade verte composée.

Si votre portefeuille ne vous le permet pas, vous pouvez supprimer ou du moins diminuer la quantité de truffes.

nems au confit de canard et aux truffes

strudel salé
aux pommes, gros raisins et boudin noir

pour 4 personnes
préparation 20 mn
cuisson 30 mn

3 pommes acidulées
70 g de gros raisins secs
80 g de boudin noir
6 feuilles de pâte filo
2 oignons
100 g de beurre
noix de muscade
poivre du moulin

Clarifiez le beurre. Faites-le fondre tranquillement dans une petite casserole, puis écumez-le et versez doucement dans un bol, en veillant à ce que le dépôt de petit-lait reste dans le fond de la casserole.

• Pelez et émincez les oignons. Pelez, épépinez les pommes et coupez-les en petits morceaux. Ôtez la peau du boudin noir et coupez-le en cubes.

• Faites revenir doucement les pommes et les oignons dans 2 c. à soupe de beurre clarifié, pendant 10 mn. Salez, poivrez, épicez d'une bonne pincée de muscade râpée et laissez refroidir.

• Posez 1 feuille de filo sur le plan de travail. Badigeonnez-la de beurre clarifié, puis couvrez-la d'une 2e feuille. Badigeonnez-la de beurre, puis couvrez-la d'une 3e feuille. Procédez ainsi pour les 6 feuilles.

• Préchauffez le four à th. 6/180 °C.

• Mélangez délicatement les pommes aux oignons avec le boudin et les raisins secs. Vérifiez l'assaisonnement et au besoin ajoutez sel, poivre et muscade.

• Posez cette farce sur les feuilles de filo superposées et emballez le tout comme un grand nem, en repliant les extrémités pour bien enfermer la farce.

• Maintenez le strudel bien fermé avec de la ficelle de cuisine. Posez-le ensuite délicatement dans un plat et enfournez 30 mn.

• Lorsque le strudel est bien doré, sortez-le du four et coupez-le en tranches épaisses avec un couteau électrique ou un couteau à pain.

Pour varier la recette, remplacez le boudin classique par du boudin antillais et les raisins secs par des morceaux de petites bananes fressinettes.

Vous trouverez les feuilles de pâte filo, en rouleau, au rayon pâtes à tarte des supermarchés. Vous pouvez les remplacer par des feuilles de brick.

strudel salé aux pommes, gros raisins et boudin noir

bricks
de sardines à l'huile

pour 6 personnes
préparation 15 mn
cuisson 10 à 15 mn

18 sardines à l'huile d'olive
(sans arêtes de préférence)
9 feuilles de brick

• Décollez délicatement les feuilles de brick les unes des autres et coupez-les en 2. Sortez les sardines de leur boîte et filtrez l'huile. Préchauffez le four à th. 7/210 °C.

• Emballez chaque sardine dans 1/2 feuille de brick. Maintenez la papillote fermée avec 2 brins de ficelle de cuisine.

• Posez les papillotes dans un plat à four et nappez-les avec l'huile filtrée.

• Faites-les cuire 10 à 15 mn, jusqu'à ce qu'elles soient dorées et croustillantes. Salez légèrement et servez aussitôt.

Glissez dans chaque papillote un brin de coriandre ou des petits morceaux de citron confit au sel.

Vous pouvez accompagner ces bricks d'une salade verte.

sardines
comme des bonbons

pour 6 personnes
préparation 20 mn
cuisson 20 mn

12 sardines à l'huile
6 feuilles de brick
6 feuilles de basilic
1 gousse d'ail
sauce tomate
50 g de beurre fondu

• Préchauffez le four à th. 6/180 °C.

• Épluchez et hachez finement la gousse d'ail et quelques feuilles de basilic.

• Égouttez les sardines sur du papier absorbant. Ouvrez-les en deux et retirez l'arête centrale.

• Posez 6 feuilles de brick à plat. À l'aide d'un pinceau, badigeonnez-les d'un peu de beurre fondu. Ajoutez sur chacune d'elle 2 sardines, 1 c. à soupe de sauce tomate, du basilic et de l'ail hachés. Salez et poivrez.

• Roulez les feuilles de brick, puis fermez-les de chaque côté à l'aide d'une petite ficelle comme si vous vouliez faire des bonbons. Badigeonnez-les à nouveau de beurre fondu.

• Disposez-les sur une plaque allant au four recouverte de papier sulfurisé et laissez-les cuire au four 20 mn, en les retournant pour les dorer sur toutes les faces.

Servez les bonbons de sardines accompagnés d'une salade de roquette ou de jeunes pousses d'épinards.

les « poissons du potager »

pour 6 personnes
préparation 30 mn
cuisson 15 mn

600 g de cocos (haricots verts plats)
4 œufs
25 cl de vin blanc
100 g de farine
1 c. à soupe d'huile d'olive
huile pour friture

• Équeutez les cocos, ôtez les fils, lavez-les et coupez-les en 2. Faites-les cuire 2 mn dans de l'eau bouillante salée. Égouttez, passez-les sous l'eau froide et égouttez-les à nouveau.

• Préparez la pâte à frire. Mélangez les œufs entiers avec la farine, le vin blanc et l'huile d'olive, salez et poivrez.

• Faites chauffer l'huile de friture et trempez chaque haricot dans la pâte avant de les plonger 30 secondes dans la friture.

• Égouttez-les sur du papier absorbant et servez-les aussitôt, chauds et croustillants.

Les Portugais ont baptisé ce plat « peixinhos da horta », les « poissons du potager », parce que leur aspect fait songer à une petite friture. Là-bas, on les sert seuls en entrée, mais ils peuvent très bien accompagner une grillade.

Ne mettez pas plus d'une quinzaine de haricots en même temps dans la friture.

Au Portugal, on accompagne parfois ces beignets d'une sauce soja ou d'une sauce à la menthe préparée en faisant bouillir pendant 1 mn 20 cl d'eau avec 1 c. à soupe de sucre, 1 c. à soupe de vinaigre de vin blanc, et en ajoutant hors du feu quelques feuilles de menthe ciselées.

croustis
craquants

pour 1 personne
préparation 10 mn
pas de cuisson

5 mini-croustades
1 c. à café de pesto rouge
1/4 de tomates semi-confites
1 pincée de piment d'Espelette
1/2 c. à café de pesto vert
1 mini-mozzarella
1 feuille de roquette
1/2 c. à café de tartare d'algues
1/2 c. à café de guacamole
quelques lamelles de radis verts
1 gousse d'ail confite au vinaigre

Crousti craquant au pesto rouge :
Garnissez 1 mini-croustade d'1/2 c. à café de pesto rouge, de la tomate semi-confite, et saupoudrez avec le piment d'Espelette.

Crousti craquant au pesto vert :
Garnissez 1 mini-croustade de pesto vert, de la mini-mozzarella et de la feuille de roquette.

Crousti craquant au tartare d'algues :
Garnissez 1 mini-croustade d'1/2 c. à café de tartare d'algues et de quelques lamelles de cornichon aigre-doux.

Crousti craquant au guacamole :
Garnissez 1 mini-croustade de guacamole et des rondelles de radis vert.

Crousti craquant à l'ail confit :
Garnissez 1 mini-croustade d'1/2 c. à café de pesto rouge et de la gousse d'ail.

crostinis
à la pizzaiola

pour 4 personnes
préparation 10 mn
cuisson 5 à 10 mn

4 tranches de pain de campagne
1 mozzarella de 125 g
2 belles tomates
4 filets d'anchois
1 gousse d'ail
16 feuilles de basilic
2 c. à soupe d'huile d'olive
poivre du moulin

• Préchauffez le four à th. 8/240 °C. Faites griller les tranches de pain. Frottez-les légèrement avec la gousse d'ail et arrosez d'un filet d'huile d'olive.

• Sur chaque tranche, disposez une demi-tomate coupée en rondelles, salez et poivrez.

• Disposez par-dessus 2 feuilles de basilic, une tranche de mozzarella et un filet d'anchois, poivrez fortement.

• Faites cuire au four 5 à 10 mn environ, jusqu'à ce que la mozzarella commence à gratiner. Ôtez du four, ajoutez 2 feuilles de basilic, un filet d'huile d'olive et servez aussitôt.

Très bons en-cas pour les petits creux, ou bien à l'heure de l'apéritif, accompagnés d'un vin blanc sec et fruité. Vous pouvez remplacer le basilic par de l'origan, de la marjolaine, au thym ou du romarin.

Hors saison, remplacez la tomate par de la pulpe de tomate séchée.

beurrecks
au carré frais, petits pois, pancetta et estragon

pour 4 personnes, soit 12 beurrecks
préparation 10 mn
cuisson 10 mn

6 feuilles de brick
2 Carrés frais
200 g de petits pois cuits
100 g de pancetta
6 feuilles d'estragon
1 gousse d'ail
2 c. à soupe d'huile d'olive
poivre du moulin

• Hachez la gousse d'ail. Coupez la pancetta en petits morceaux. Faites-les revenir ensemble dans l'huile d'olive jusqu'à ce que l'ail et la pancetta soient dorés.

• Mélangez les Carrés frais, les petits pois, l'ail et la pancetta. Ajoutez 2 pincées de sel, 1 tour de moulin à poivre et l'estragon ciselé.

• Huilez les feuilles de brick à l'aide d'un pinceau. Coupez-les en deux. Réalisez des petits cylindres de farce d'environ 1 cm de diamètre et de 10 cm de long que vous enroulerez dans les demi-feuilles de brick. Découpez si besoin l'excédent de feuilles de brick avec des ciseaux. Enfournez 10 mn à th. 7/210 °C. Servez les beurrecks chauds.

Pour une présentation plus délicate, comme sur la photo, placez quelques feuilles d'estragon entre les épaisseurs des feuilles de brick roulées : cela donne un joli effet de transparence.

crackers
de petit épeautre et crème de chèvre persillée

pour 4 personnes
préparation 30 mn
repos 30 mn
cuisson 15 mn

1 faisselle de chèvre de 200 g environ
1 bouquet de persil
1 gousse d'ail hachée
sel gris

Pour les crackers
80 g de farine de petit épeautre
50 g de farine de blé (type T 80)
1 c. à café de grains de pavot
1/2 c. à café de curry de Ceylan
4 c. à soupe d'huile d'olive

Pour la salade
300 g de jeunes pousses
4 c. à soupe d'huile de pépins de courge
2 c. à soupe de vinaigre de cidre
2 c. à soupe de graines de courge torréfiées

• Lavez, séchez et effeuillez le persil, puis hachez-le finement.

• Dans une assiette creuse, mélangez l'ail haché, la faisselle et le persil. Salez au sel gris.

• Préparez les crackers. Mélangez les farines avec le pavot, le curry et quelques pincées de sel gris. Ajoutez l'huile d'olive, mélangez et ajoutez un peu d'eau afin d'obtenir une pâte. Laissez-la reposer 30 mn au minimum.

• Préchauffez le four à th. 5-6/170 °C. Étalez finement la pâte à l'aide d'un rouleau légèrement fariné, puis découpez des crackers en forme de triangle ou de rectangle. Laissez cuire 15 mn au four et laissez refroidir sur une grille.

• Servez ces crackers avec la crème de chèvre et la salade de jeunes pousses assaisonnée et parsemée de graines de courge.

Préférez le sel gris (gros ou fin) non traité, riche en oligoéléments et en sels minéraux.

Les graines de courge et l'huile de pépins de courge renferment de bons acides gras.

crackers de petit épeautre et crème de chèvre persillée

PETITS RAMEQUINS
au fromage et aux lardons

pour 6 personnes
préparation 15 mn
cuisson 15 à 20 mn

1 rouleau de pâte feuilletée pur beurre
40 cl de lait entier
150 g de fromage de gruyère AOC
40 g de farine
2 œufs
100 g de crème fraîche
2 pincées de muscade
fleur de sel

• Préchauffez le four à th. 6-7/200 °C. Dans un bol battez la farine et les œufs, ajoutez la crème et le lait progressivement, jusqu'à ce que la préparation soit lisse.

• Incorporez le fromage préalablement râpé et la muscade, salez et poivrez.

• Déposez la pâte dans un plat à tarte chemisé de papier sulfurisé ou dans 6 moules à tartelette beurrés.

• Versez la préparation au fromage et mettez au four pendant 20 à 25 mn, jusqu'à ce que la tarte (ou les ramequins) au fromage soit bien dorée.

• Déguster chaud ou froid.

Pour que le fond de pâte feuilletée ne soit pas détrempé, précuisez la pâte 10 mn avant de verser la préparation au fromage. Vous pouvez aussi utiliser une pâte brisée.

petits ramequins au fromage et aux lardons

buissons
d'oignons frits

pour 2 personnes
préparation 5 mn
cuisson 1 mn

2 gros oignons
4 c. à soupe de farine
50 cl d'huile

• Émincez les oignons et roulez-les dans la farine. Tapotez-les légèrement.

• Plongez-les 1 mn dans l'huile chaude. Retirez-les dès qu'ils sont dorés, égouttez-les et servez-les aussitôt.

croquettes
de crevettes

pour 4 personnes
préparation 45 mn
repos 1 h
cuisson 50 mn

500 g de crevettes grises
1 oignon
1 carotte
1 poireau
1 branche de céleri
100 g de chapelure
2 œufs
4 feuilles de gélatine
50 g de beurre
100 g de farine
1 l de lait
noix muscade
poivre de Cayenne
1 botte de persil frisé
huile pour friture

• Décortiquez les crevettes. Faites cuire 30 mn les carapaces dans le lait avec la carotte, l'oignon, le céleri, le poireau, du sel et du poivre. Laissez refroidir et filtrez le lait infusé.

• Trempez les feuilles de gélatine 10 mn dans de l'eau tiède.

• Faites fondre le beurre avec 50 g de farine, ajoutez 50 cl de lait infusé bouillant, mélangez et laissez cuire 10 mn. Salez, poivrez avec le cayenne, ajoutez un peu de muscade, les feuilles de gélatine égouttées et les crevettes. Versez dans un plat et laissez refroidir.

• Prélevez des rectangles de pâte de 3 x 8 cm environ de cette pâte, et roulez-les en croquettes dans vos mains farinées. Passez-les ensuite dans la farine, les œufs battus et la chapelure. Répétez cette opération deux fois pour chaque croquette. Laissez-les reposer 1 h au réfrigérateur.

• Faites frire les croquettes quelques minutes jusqu'à ce qu'elles soient bien dorées, égouttez-les sur du papier absorbant.

• Faites frire 30 s les brins de persil et posez-les sur les croquettes. Servez avec des quartiers de citron.

tuiles
au parmesan

pour 10 tuiles
préparation 1 mn
cuisson 5 mn

125 g de parmesan fraîchement râpé
1 c. à soupe de farine

• Dans un saladier, mélangez le parmesan râpé et la farine avec les doigts. Faites chauffer une petite poêle antiadhésive sur feu moyen.

• Saupoudrez 1 c. à soupe du mélange parmesan-farine au-dessus de la poêle, sur tout le fond.

• Laissez cuire 20 secondes.

• Quand le fromage commence à bouillonner, retirez la poêle du feu, inclinez-la légèrement, glissez une spatule sous la tuile pour la décoller.

• Posez la tuile sur un rouleau à pâtisserie pour qu'elle prenne forme.

L'idéal est d'utiliser une poêle à blinis. Si vous n'en possédez pas, utilisez une grande poêle et saupoudrez au centre 1 c. à soupe de parmesan.

La cuisson est très rapide, il vaut mieux réaliser les tuiles une par une.

Entre chaque tuile, essuyez soigneusement la spatule.

ravioles
en tapas

pour 4 personnes
préparation 10 mn
cuisson 5 mn

6 plaques de ravioles du Dauphiné surgelées
2 gousses d'ail
3 brins de thym
1 c. à soupe de piment d'Espelette
4 c. à soupe d'huile d'olive

• Sortez les plaques de ravioles du congélateur et cassez-les en carrés selon les pointillés.

• Dans une grande sauteuse, faites chauffer sur feu moyen l'huile d'olive avec l'ail épluché et émincé en 4. Quand l'ail commence à dorer, versez les ravioles, saupoudrez-les de thym et faites-les dorer en les remuant sans arrêt avec 1 cuillère en bois pendant 5 mn.

• Glissez-les sur une feuille de papier absorbant et saupoudrez-les de piment d'Espelette. Servez-les aussitôt, pour l'apéritif.

Vous pouvez également servir ces ravioles sur une salade verte assaisonnée de vinaigre de xérès et d'huile d'olive.

bouchées
tomates concassées-jambon

pour 6 personnes
préparation 20 mn
repos 1 h
cuisson 15 mn

150 g de parmesan
150 g de farine
150 g de beurre mou
4 tomates
2 oignons frais
2 tranches de jambon de Bayonne
2 c. à soupe de pesto
piment d'Espelette
huile d'olive

• Mettez le parmesan, la farine et le beurre mou dans le bol d'un robot, mixez jusqu'à ce que la pâte forme une boule, puis mettez-la au frais pendant 1 h.

• Lavez et essuyez les tomates, retirez les graines et coupez la chair en tout petits dés.

• Pelez les oignons et hachez-les. Mélangez le tout, salez, poivrez, ajoutez un peu de piment et d'huile d'olive.

• Allumez le four sur th. 6/180 °C. Sortez la plaque de cuisson et mettez une feuille de papier sulfurisé dessus.

• Étalez la pâte sur le plan de travail fariné, découpez des disques d'environ 4 cm de diamètre avec un verre retourné et posez-les au fur et à mesure sur la plaque.

• Faites-les cuire 15 mn et laissez-les refroidir.

• Étalez une fine couche de pesto sur chaque disque de pâte, répartissez les tomates dessus, ajoutez le jambon en chiffonnade et servez.

Pour gagner du temps, vous pouvez étaler la pâte en rectangle et la prédécouper en petits carrés de 4 cm de côté avant de la cuire.

bouchées tomates concassées-jambon

pommes de terre
« chatouillard »

pour 4 personnes
préparation 10 mn
cuisson 10 mn

1 pèle-pomme manuel
4 pommes de terre bintje de préférence, bien régulières
huile pour friture

• Pelez les pommes de terre.

• Piquez-les avec le trident, remontez la lame tranchante destinée à peler et actionnez la manivelle pour « dérouler » la pomme de terre en un long ruban.

• Passez ce long ruban sous l'eau fraîche, séchez-le et plongez-le dans un bain de friture à 170 °C.

• Lorsqu'il remonte, sortez-le et posez-le sur une assiette garnie de papier absorbant.

• Au moment de servir, faites chauffer l'huile à 180 °C et plongez à nouveau le ruban, qui doit gonfler et prendre une belle couleur dorée.

• Égouttez-le un instant sur du papier absorbant, salez-le et dégustez aussitôt.

Le pèle-pomme manuel permet de peler, trancher et vider en une seule opération les pommes, pommes de terre...

Choisissez des pommes de terre bintje, idéales pour la friture, et, si elles sont de belle taille, n'hésitez pas à les retailler avec un emporte-pièce pour leur donner une forme cylindrique encore plus régulière : cela facilitera l'opération.

Vous pouvez aussi trancher les pommes de terre en spirale et les faire frire de la même manière que le ruban.

Si vous les servez en apéritif, poudrez-les de cumin, c'est délicieux.

pommes de terre « chatouillard »

CRĒMEUSES

l'incontournable hoummous

pour 6 à 8 personnes
préparation 10 mn
pas de cuisson

500 g de pois chiches en boîte
2 gousses d'ail
3 c. à soupe de jus de citron
1/2 verre d'huile d'olive très fruitée
(ou mieux d'huile de sésame)

• Épluchez, dégermez et hachez grossièrement les gousses d'ail.

• Égouttez et rincez sous un filet d'eau claire les pois chiches.

• À l'aide d'un mixeur plongeant ou d'un robot, réduisez-les en purée.

• Mettez cette purée dans une casserole à fond épais sur feu doux. Incorporez peu à peu l'huile, en tournant régulièrement comme pour une mayonnaise et en ajoutant en cours d'opération le jus de citron. Si la préparation est trop épaisse, ajoutez un peu du liquide de la boîte de pois chiches.

• Servez l'hoummous froid, accompagné d'un bon pain de campagne frais ou toasté, de pain libanais ou de crackers.

Proposez-le aussi accompagné de bâtonnets de légumes croquants (carotte, concombre, céleri branche) ou de fleurettes de chou-fleur, ou glissé dans des tomates cerises évidées.

Idéal aussi pour remplacer le beurre dans un sandwich aux légumes ou au poulet.

hoummous de cœurs de palmier

pour 4 personnes
préparation 10 mn
pas de cuisson

1 boîte de 400 g de cœurs de palmier
2 oignons nouveaux
2 petites gousses d'ail
1 c. à café de jus de citron
1 pincée de piment
9 c. à soupe d'huile d'olive
tranches de pain grillé et/ou des gressins.

• Égouttez les cœurs de palmier et mettez-les dans le bol d'un robot.

• Ajoutez les gousses d'ail épluchées et écrasées. Réduisez en purée grossière et ajoutez 1 c. à café de jus de citron, puis 8 c. à soupe d'huile d'olive en mince filet jusqu'à obtenir un mélange lisse (cela doit monter comme une mayonnaise).

• Transférez dans un bol et ajoutez les oignons émincés. Salez et poivrez. Arrosez d' 1 c. à soupe d'huile d'olive et saupoudrez d'1 pincée de piment. Servez avec des tranches de pain grillé et/ou des gressins.

Si vous utilisez de l'ail frais, faites-le griller en chemise dans une poêle en fonte pendant 5 à 10 mn, puis ajoutez la chair écrasée aux cœurs de palmier.

hoummous de cœurs de palmier

hoummous de haricots blancs italiens

hoummous
de cocos

pour 6 personnes
préparation 10 mn
cuisson 40 mn

500 g de cocos paimpolais écossés (AOC)
2 gousses d'ail
1 bouquet garni (laurier, thym,
1 branche de céleri)
3 c. à soupe d'huile d'olive
1/2 bouquet de persil plat
poivre du moulin

• Dans un faitout, mettez les cocos et couvrez d'eau froide. Ajoutez le bouquet garni, et les gousses d'ail pelées entières.

• Portez à frémissements et laissez cuire 40 mn ou jusqu'à ce que les haricots soient tendres mais encore un peu fermes.

• Égouttez les haricots (en conservant un peu d'eau de cuisson) et les gousses d'ail. Ôtez le bouquet garni.

• Salez et poivrez les haricots et mixez-les avec les gousses d'ail, l'huile d'olive et un peu de jus de cuisson pour obtenir une purée épaisse.

• Ajoutez le persil plat lavé, séché et ciselé. Rectifiez l'assaisonnement et servez avec des tartines de pain grillé.

On peut remplacer l'huile d'olive par de l'huile de sésame.

Astuces diététiques : la chair réduite en purée peut remplacer une partie de l'huile des vinaigrettes. Ne le noyez pas dans la vinaigrette, au risque de faire grimper dangereusement son apport calorique. Préférez yaourt, fromage frais ou jus de citron. À l'apéritif, remplacez le pain par une rondelle de concombre sous du fromage frais, tarama, rillettes de thon, etc.

hoummous
de haricots blancs italiens

pour 6 personnes
préparation 10 mn
pas de cuisson

2 boîtes de haricots blancs type canellino
le jus d'1 citron
poivre du moulin
huile d'olive

• Égouttez les haricots blancs. Faites-les tiédir dans une petite casserole avec le jus de citron. Salez et poivrez.

• Mixez-les grossièrement avec un filet d'huile d'olive pour obtenir une purée épaisse.

• Servez ce hoummous sur des tartines de pain de campagne grillé, avec un peu de poivre concassé.

œufs à la truffe, aux oursins, au caviar dans leur coquille

œuf
au caviar

pour 1 personne
préparation 15 mn
cuisson 3 mn

1 gros œuf bio
1,5 c. à café de caviar (6 g)
2 noisettes de beurre frais

• Cassez la partie haute de l'œuf et réservez la coquille. Battez l'œuf dans un bol.

• Dans une casserole, faite fondre 1 noisette de beurre et incorporez l'œuf battu. Faire cuire l'œuf à feu doux en remuant avec une spatule jusqu'à obtention d'une texture moelleuse. Ajoutez une noisette de beurre frais et mélangez. Hors du feu, ajouter 1 c. à café de caviar et mélangez très délicatement.

• Versez dans la coquille dans la coquille et décorez avec le reste de caviar.

œuf
à la truffe

pour 1 personne
préparation 15 mn
cuisson 3 mn

1 gros œuf bio
3 g de truffe noire hachée + 1 lamelle de truffe
2 noisettes de beurre frais

• Cassez la partie haute de l'œuf et réservez la coquille. Battez l'œuf dans un bol.

• Dans une casserole, faite fondre 1 noisette de beurre, ajoutez la truffes hachée, puis, quand le beurre est bien chaud, incorporez l'œuf battu. Faire cuire à feu doux en remuant avec une spatule jusqu'à obtention d'une texture moelleuse. Ajoutez une noisette de beurre frais. Salez et poivrez.

• Remettez la brouillade d'œuf dans la coquille et décorez avec la lamelle de truffe.

œuf
aux oursins

pour 1 personne
préparation 15 mn
cuisson 3 mn

1 gros œuf bio
1 oursin + 2 langues d'oursin
2 noisettes de beurre frais

• Cassez la partie haute de l'œuf et réservez la coquille. Battez l'œuf dans un bol.

• Dans une casserole, faite fondre 1 noisette de beurre, ajoutez le contenu de l'oursin, puis, quand le beurre est bien chaud, incorporez l'œuf battu. Faire cuire à feu doux en remuant avec une spatule jusqu'à obtention d'une texture moelleuse. Ajoutez une noisette de beurre frais. Salez modérément (car l'oursin est très iodé) et poivrez.

• Remettez la brouillade d'œuf dans la coquille et décorez avec les 2 langues d'oursin par-dessus.

crème
de roquefort aux poires

pour 4 personnes
préparation 10 mn
cuisson 1 mn 30

1 poire williams
100 g de roquefort
200 g de ricotta
15 cl de crème légère
quelques branches de céleri
6 à 8 cerneaux de noix
1 bonne pincée de cannelle

• Épluchez la poire et coupez-la en cubes. Déposez-les dans un récipient allant au micro-ondes et saupoudrez de cannelle.

• Couvrez et laissez cuire 1 mn 30 à puissance maximum. Enlevez le jus, puis écrasez grossièrement la chair.

• Mélangez au robot (ou à la fourchette) le roquefort avec la ricotta et la crème.

• Remplissez le tiers des verrines avec la poire et complétez avec la crème de roquefort.

• Décorez avec les noix et une branche de céleri coupée dans la longueur.

crème de roquefort aux poires

tomates
farcies

pour 4 personnes
préparation 15 mn
pas de cuisson

8 tomates cerises
1 Carré frais
2 c. à soupe de tapenade verte

• À l'aide d'un couteau, découpez la partie supérieure des tomates cerises et réservez les chapeaux. Évidez les tomates.

• Mélangez le Carré frais et la tapenade verte.

• Garnissez les tomates de ce mélange et recouvrez-les de leur chapeau.

concombre
farci

pour 4 personnes
préparation 15 mn
pas de cuisson

1 concombre
1 Carré frais
1 c. à soupe de raisins de Corinthe
5 feuilles de menthe ciselées

• Pelez le concombre. Coupez-le en 8 tronçons de section carrée. Évidez le cœur de chaque tronçon.

• Mélangez le Carré frais aux raisins de Corinthe et à la menthe. Garnissez les tronçons de concombre de ce mélange. Servez frais.

Pour évider l'intérieur des concombres, vous pouvez utiliser un vide-pomme, qui vous facilitera la tâche et vous permettra d'obtenir un puits cylindrique net, idéal pour l'introduction de la garniture.

bocconcinis
marinés

pour 4 personnes
préparation 10 mn
marinade 1 nuit
pas de cuisson

200 g de bocconcinis
35 cl d'huile d'olive fruitée
quelques brins de romarin
1/2 c. à café d'origan
1 petit piment oiseau
2 gousses d'ail pelées
fleur de sel

• Égouttez dans du papier absorbant les bocconcinis et mettez-les dans un bol.

• Versez l'huile par-dessus, ajoutez le romarin, l'ail, l'origan et le piment. Assaisonnez avec un peu de fleur de sel.

• Couvrez de film alimentaire et mettez au réfrigérateur au moins une nuit, puis retirez le piment de la marinade.

Servez ces petites mozzarellas simplement avec du pain de campagne, ou avec des figues fraîches pelées et émincées, du jambon cru et quelques copeaux de parmesan.

bocconcinis marinés

champignons
de paris farcis au carré frais

pour 4 personnes
préparation 10 mn
cuisson 15 mn

12 gros champignons de Paris
1 Carré frais
1 œuf
100 g de parmesan râpé
20 feuilles de marjolaine

• Lavez les champignons. Ôtez les queues.

• Mélangez le Carré frais, l'œuf, le parmesan râpé et les feuilles de marjolaine ciselées. Lorsque ce mélange est homogène, garnissez-en les têtes de champignon.

• Enfournez 15 mn à th. 7/210 °C. Servez-les chauds.

Vous pouvez aussi réaliser une version crue de ces champignons. Nettoyez les champignons, ôtez la queue et garnissez les têtes de Carré frais parfumé d'un mélange d'herbes fraîches ciselées : ciboulette, persil, coriandre, estragon… Salez et poivrez.

faisselle
aux herbes et concombre

pour 6 personnes
préparation 10 mn
repos 1 h
pas de cuisson

1 faisselle de vache égouttée (300 g environ)
15 brins de ciboulette
3 brins d'estragon
2 c. à soupe d'huile d'olive
1 c. à soupe de vinaigre de vin
3 brins de fleur de thym
1/4 de concombre de jardin
1 oignon rouge
poivre du moulin
quelques cosses de fèves fraîches (facultatif)

• Lavez le concombre. Râpez-le avec une râpe à gros trous ou émincez-le en fines rondelles. Salez-le, couvrez et laissez-le dégorger 30 mn.

• Lavez, essuyez et ciselez finement les herbes.

• Pelez et émincez l'oignon.

• Égouttez le concombre en pressant dessus pour extraire l'eau au maximum. Ajoutez-le à la faisselle avec l'oignon et les herbes. Poivrez généreusement.

• Versez l'huile d'olive, rectifiez l'assaisonnement et mettez au frais 1 h.

• Servez avec des tranches de pains de campagne frais et quelques fèves (facultatif).

Comme pour la spécialité lyonnaise « la cervelle de canut », on peut ajouter 1 c. à soupe de crème fraîche à la faisselle.
Vous pouvez tartiner des tranches de pain généreusement et servir avec du jambon en chiffonnade ou des rondelles fines de saucisson ou de chorizo par-dessus.

faisselle aux herbes et concombre

crème d'aubergines aux anchois et au citron, tapenade provençale aux amandes de californie, caviar de poivrons

crème
d'aubergines aux anchois et au citron

pour 4 personnes
préparation 10 mn
pas de cuisson

2 aubergines
6 filets d'anchois dessalés
le jus d'1 citron
10 brins de coriandre fraîche
2 c. à soupe de crème fraîche
1 gousse d'ail
10 cl d'huile d'olive
poivre

• Enlevez le pédoncule des aubergines et faites-les cuire au micro-ondes, à puissance maximale, pendant 5 mn, en les retournant une fois.

• Coupez-les en deux et prélevez la chair.

• Mixez la chair d'aubergines, le jus de citron, les brins de coriandre, la crème fraîche, les filets d'anchois et l'ail. Versez au fur et à mesure l'huile d'olive. Poivrez.

tapenade
provençale aux amandes de californie

pour 4 personnes
préparation 10 mn
pas de cuisson

100 g d'amandes de Californie
65 g d'olives noires dénoyautées
2 gousses d'ail
3 c. à soupe d'huile d'olive
1 c. à soupe de basilic
1 c. à soupe de jus de citron
2 tomates

Mixez les amandes, les gousses d'ail, les olives, l'huile d'olive, le basilic, le jus de citron, les tomates, pour obtenir un mélange homogène.

caviar
de poivrons

pour 4 personnes
préparation 10 mn
cuisson 35 mn

1 poivron rouge
1 poivron jaune
7 c. à soupe d'huile d'olive
1 gousse d'ail
1 oignon haché
1 pincée de piment séché
60 g de noix finement broyées
1 à 2 c. à café de vinaigre

• Préchauffez votre four à th. 6-7/200 °C.

• Faites cuire le poivron rouge et le poivron jaune au four 35 mn. Laissez-les refroidir dans un sac en plastique fermé. Ôtez les graines et pelez-les.

• Faites revenir dans 1 c. à soupe d'huile d'olive la gousse d'ail écrasée et l'oignon haché. Incorporez la pincée de piment séché, les noix, les poivrons, 6 c. à soupe d'huile d'olive et le vinaigre. Salez.

• Mixez jusqu'à obtention d'un mélange homogène.

rillettes
au thon

pour 4 personnes
préparation 10 mn
pas de cuisson

1 boîte de thon au naturel
2 c. à soupe de mayonnaise
2 c. à soupe de jus de citron
3 c. à soupe de ciboulette ciselée

• Égouttez le thon, versez-le dans un bol et émiettez-le avec une fourchette.

• Ajoutez le jus de citron, la mayonnaise, la ciboulette, du sel, du poivre, mélangez bien. C'est prêt à tartiner.

Si vous ne faites pas la mayonnaise vous-même, achetez-en une de bonne qualité.
Pour une version plus light, remplacez la mayonnaise par un carré frais demi-sel.
Dégustez sur des tartines de baguette cinq céréales ou sur des petits pains croustillants suédois.

broccio
au citron confit et au piment

pour 6 personnes
préparation 5 mn
pas de cuisson

10 cl de lait
250 g de broccio
1 citron confit
1 c. à soupe de piment d'Espelette

• Mélangez énergiquement le lait, le broccio, et le citron confit finement émincé.

• Saupoudrez d'1 c. à soupe de piment d'Espelette.

rillettes au thon

crevettes
mayonnaise

pour 6 personnes
préparation 15 mn
pas de cuisson

500 à 800 g de crevettes roses cuites
2 jaunes d'œufs
1 c. à soupe de moutarde forte
huile végétale Isio 4
poivre du moulin
1/2 citron
quelques brins de cerfeuil ou de coriandre,
ou quelques fanes de radis.

• Préparez la mayonnaise. Pressez le citron. Mettez les jaunes d'œufs dans un grand bol avec la moutarde, du sel et du poivre. Versez l'huile en mince filet en fouettant doucement, au fouet à main ou au batteur électrique à petite vitesse, jusqu'à ce que vous obteniez la quantité désirée.

• Ajoutez les herbes hachées et le jus de citron. Remuez doucement, couvrez d'un film et réservez au frais.

• Décortiquez les crevettes en laissant la queue.

• Si vous ne voulez pas les manger avec les doigts, enfilez-les sur des piques en bois qui serviront à les tenir avant de les plonger dans la mayonnaise.

Pour réaliser la mayonnaise, les ingrédients doivent être à température ambiante.

Les mayonnaises « maison » ne se conservent pas plus de 24 h, même au frais.

mayonnaise
légère au citron vert

pour 6 personnes
préparation 15 mn
pas de cuisson

1 œuf
1 c. à café de moutarde forte
huile Isio 4
1 citron vert

• Séparez le blanc du jaune d'œuf. Mélangez le jaune avec la moutarde forte, 1 pincée de sel et du poivre. Versez petit à petit 25 cl d'huile Isio 4, en battant au fouet, jusqu'à obtention d'une mayonnaise ferme.

• Ajoutez ensuite le jus du citron vert et réservez au frais. Dans un bol, montez le blanc d'œuf en neige ferme avec 1 pincée de sel et incorporez-le délicatement à la mayonnaise. Mettez au frais jusqu'au moment de servir.

mayonnaise
au piment

pour 6 personnes
préparation 10 mn
pas de cuisson

1 œuf
1 c. à café de moutarde forte
huile Isio 4
1 citron vert
1 c. à café de purée de piments
1 c. à soupe de coriandre fraîche ciselée

• Séparez le blanc du jaune d'œuf. Mélangez le jaune avec la moutarde forte, 1 pincée de sel et du poivre. Versez petit à petit 25 cl d'huile Isio 4, en battant au fouet, jusqu'à obtention d'une mayonnaise ferme.

• Ajoutez le jus du citron vert, la purée de piments et la coriandre. Réservez au frais.

boulettes

de chèvre aux cacahuètes épicées

pour 15 boulettes
préparation 15 mn
pas de cuisson

250 g de chèvre frais pas trop mou mais malléable
100 g de cacahuètes non salées
1 c. à soupe rase de piment d'Espelette
1 c. à soupe de pistaches moulues

• Mixez grossièrement les cacahuètes et faites-les griller sans matière grasse dans une poêle antiadhésive. Laissez-les refroidir un peu et mettez-les dans un bol avec le piment et les pistaches, du sel et du poivre.

• Façonnez des boulettes en roulant la valeur d'1 c. à soupe de chèvre dans vos mains, puis passez-les au fur et à mesure dans le mélange épicé.

• Rangez-les sur une assiette et réservez au frais jusqu'au moment de servir.

Vous pouvez remplacer les cacahuètes par des amandes, des noix ou des pignons, mais aussi par des fines herbes hachées ou encore des radis roses râpés.

tartines
de pain d'épices au carré frais, mangue et jambon serrano

pour 4 personnes
préparation 10 mn
pas de cuisson

4 tranches de pain d'épices
2 Carrés frais
1 mangue
4 tranches de jambon serrano
4 pincées de piment d'Espelette

• Mélangez le Carré frais et le piment d'Espelette. Tartinez les tranches de pain d'épices de ce mélange.

• Pelez la mangue et coupez-la en lamelles. Couvrez chaque tartine d'une tranche de mangue et de jambon serrano.

Ces tartines s'accommodent volontiers de fines tranches de magret de canard fumé en remplacement du serrano.

tsatsiki

pour 4 à 6 personnes
préparation 10 mn
pas de cuisson

1 concombre
5 belles branches de menthe
2 c. à soupe de fromage blanc
1 c. à café de vinaigre balsamique

• Effeuillez, puis ciselez les branches de menthe. Lavez et essuyez le concombre, ôtez les pépins.

• Râpez le concombre avec une râpe à gros trous. Ajoutez le fromage blanc, le vinaigre balsamique et la menthe. Salez et poivrez. Mélangez.

• Servez à l'apéritif avec du pain grillé ou des légumes croquants.

tartines
aux épinards

pour 4 enfants
préparation 15 mn
cuisson 12 mn

4 tranches de baguette de campagne farinée
2 œufs extra frais
1 fromage de chèvre frais
2 belles poignées d'épinards frais
2 c. à soupe de beurre salé
fleur de sel

• Plongez les œufs 7 mn dans une casserole d'eau frémissante. Ensuite, sous un filet d'eau froide, rafraîchissez les œufs durs.

• Retirez la tige et les côtes des épinards, donnez-leur trois bains et essorez-les bien.

• Faites fondre le beurre salé dans un grand poêlon. Ajoutez les feuilles d'épinards et laissez-les « faner » à feu doux pendant 3 à 4 mn.

• Faites griller les tranches de pain de campagne.

• Tartinez le chèvre frais en couche épaisse sur le pain grillé.

• Déposez les épinards « fanés » sur les tartines de chèvre frais.

• Écalez les œufs. Coupez-les en morceaux. Passez les morceaux d'œuf au moulin à légumes au-dessus des tartines d'épinards.
Salez avant de servir.

tartines aux épinards

rillettes
d'œufs au curry

pour 6 à 8 personnes
préparation 15 mn
pas de cuisson

6 œufs
1 barquette de fromage frais
1 c. à soupe de curry

• Faites cuire 6 œufs durs. Écalez-les et passez-les au moulin à légumes ou hachez-les grossièrement.

• Ajoutez le fromage frais, le, le curry et mélangez bien. Salez et poivrez.

œufs de caille
à la chantilly salée

pour 6 personnes
préparation 15 mn
pas de cuisson

30 œufs de caille cuits

Pour la crème chantilly
50 cl de crème fleurette
4 c. à soupe de sauce d'huîtres
3 c. à café de curry
1 botte de coriandre fraîche

• Placez un saladier dans le congélateur avec les fouets du batteur 20 mn avant de faire votre crème chantilly.

• Versez la crème bien froide dans le saladier. Faites-la monter au batteur électrique. Quand elle commence à prendre, versez la sauce d'huîtres et 2 c. à café curry tout en continuant à battre. Arrêtez quand la crème se solidifie et colle aux parois. Réservez au frais. Hachez très finement la coriandre fraîche.

• Au moment de servir, parsemez la chantilly de coriandre hachée et mélangez le tout très doucement. Décorez de brins de ciboulette. Saupoudrez les œufs de curry et servez-les séparément avec la chantilly.

bouchées
de jambon au fromage frais

pour 6 personnes
préparation 10 mn
pas de cuisson

3 tranches de jambon blanc
150 g de fromage frais
(type carré frais)
2 c. à soupe de ciboulette ciselée
1 c. à café d'huile d'olive

• Mélangez dans un bol le fromage frais, la ciboulette, l'huile d'olive, du sel et du poivre.

• Étalez cette préparation sur chaque tranche de jambon et roulez-les en serrant bien. Entourez chaque rouleau de film étirable et conservez au frais.

• Au moment de servir, coupez les rouleaux en tronçons, façon makis, et saisissez-les à l'aide de piques en bois.

Vous pouvez préparer ces bouchées la veille.

bouchées de jambon au fromage frais

beurre de fanes

pour radis à la croque-au-sel

pour 4 personnes
préparation 20 mn
cuisson 5 mn

1 botte de radis avec leurs fanes bien vertes
125 g de beurre mou
fleur de sel de Guérande

• Lavez soigneusement les radis et séchez-les sur du papier absorbant. Coupez les fanes en conservant 2 cm de tige. Réservez les fanes.

• Fendez chaque radis en quatre sur les trois quarts de leur longueur, puis réservez-les au frais.

• Fouettez le beurre au batteur jusqu'à obtenir la consistance d'une crème.

• Lavez les fanes à grande eau et mettez-les à cuire 2 mn dans une casserole d'eau bouillante salée. Plongez-les tout de suite dans un saladier contenant de l'eau glacée.

• Égouttez-les et passez-les au mixeur jusqu'à obtention d'une purée bien lisse.

• Incorporez la purée de fanes au beurre ramolli. Ajoutez de la fleur de sel de Guérande et poivrez.

• Conservez le beurre au frais jusqu'au moment de l'utiliser.

• Présentez-le avec des tranches épaisses de pain au levain et les radis croquants.

beurre de fanes pour radis à la croque-au-sel

BONITO DEL NORTE
PRODUCT OF SPAIN
IMPORTE D'ESPAGNE
WHITE TUNA IN PICKLED SAUCE
THON BLANC EN SAUCE MARINADE

EXPRESS

bons crus et tapas express. *On dit souvent que « plus c'est simple, meilleur c'est ». Thon, sardines moelleuses, petits calamars à l'américaine, il est temps de redécouvrir les « sommets » de la conserve. De petites boîtes exquises qui méritent d'excellents crus.*

ventrèche

de thon et un châteauneuf-du-pape

Le meilleur et le plus moelleux du thon à l'huile d'olive avec un châteauneuf-du-pape blanc.

ventrèche de thon et un châteaur euf-du-pape

petites conserves

de fruits de mer avec un rosé

Comme dans un bar à tapas espagnol, calamars à l'américaine, poulpes à l'huile végétale et moules piquantes à déguster à la fourchette, avec un rosé fruité et délicat. À servir frais.

thon

à l'escabèche
avec un anjou rouge

Le thon, mitonné avec des piments, des tomates et des condiments présenté dans de jolies boîtes à déguster avec un anjou rouge charnu, fruité et explosif.

petites conserves de fruits de mer avec un rosé

thon à l'escabèche avec un anjou rouge

quelques rondelles de chorizo avec un rioja

sardines à l'huile avec un quincy

quelques rondelles

de chorizo avec un rioja

Prêtes à être dégustées, des rondelles de chorizo finement tranchées saupoudrées de piment d'Espagne servis avec un rioja à 14-15 °C.

sardines

à l'huile avec un quincy

Des sardines ou « sardinillas » à l'huile d'olive vierge, avec un quincy racé et plein, parfait sur ce poisson gras. À servir frais.

LES RECETTES PAR INGRĒDIENTS

VIANDES

FROMAGE

CRUDITĒS

ŒUF

tapas et petites bouchées

POISSONS ET CRUSTACÉS

LÉGUMES

AUTRES

TABLE DES MATIÈRES

LÉGÈRES

MOELLEUSES

CROQUANTES ET CROUSTILLANTES

tapas et petites bouchées

CRÈMEUSES

EXPRESS

Édité par : Éditions Glénat
Les marques ELLE ® et À TABLE ™ sont la propriété de Hachette Filipacchi Presse

Services éditoriaux et commerciaux :
Éditions Glénat, 39, rue du Gouverneur-Général Éboué,
92130 Issy-les-Moulineaux

CRÉDITS PHOTOGRAPHIQUES
Couverture
© Japy D.

Intérieur
Amiel J.-C. : 13, 15, 33, 40, 47, 54, 57, 62, 67, 73, 78, 97, 103, 104, 112, 116, 118, 121, 129, 133, 141, 145, 158 ; Baker C. : 61 ; Bagros Y. : 92 ; Bilic J. : 16, 25, 29, 34, 43, 49, 85,107, 109, 134, 137, 147, 157, 159 ; De Chabaneix G. : 69 ; Desgrieux P. : 94 ; Duronsoy Y. : 64, 142 ; Gachen O. : 6, 101, 125 ; Hall J-B. : 45, 130 ; Hammond F. : 38 ; Ida A. : 10, 19, 98, 122, 126, 138 ; Jappy D. : 53 ; Morel M-P. : 148, 151, 153, 154 ; Norris B. : 70 ; Roulier M. : 59 ; Sicot E. : 21, 22, 26, 31, 37, 50, 75, 77, 80, 83, 86, 89, 91, 111, 115, 156 ; Sucré Salé/Bilic : 5 ; Food and Drink : 8 ; Thys, Supperdelux : 4

RÉALISATION DES RECETTES
Arnoult N. : 30, 74, 114 ; Bardel G. : 123, 127,139 ; Beilin M. : 72, 100 ; Bouré J.: 140 ; Couturier J.: 143g ; Crouze G.: 95 ; De Montallier D.: 52, 131, 132d ; Du Plessis B. : 87, 93d ; Giacobetti S. : 14, 35, 41, 46, 48, 55, 56, 63, 66, 71, 79, 96g, 102, 117d, 119, 120, 124, 128, 132, 138, 140, 143d, 144, 146, 150, 152, 155 ; Jobard C. : 27 ; Lauretta : 68 ; Le Foll N. : 88, 96d, 105d ; Leteuré M. : 17, 24, 28, 42, 82, 84, 106d, 108, 135, 136 ; Lhomme V. : 10, 12, 18, 20, 23, 32, 36, 60, 65, 76, 82, 90, 93g, 105g, 110 ; Pauly E. : 39 ; Regis B. : 44 ; Tardrew S. : 117g ; Turiot E. : 58

REMERCIEMENTS
ELLE à table : Bruno Lesouëf, directeur de la publication ; Philippe Khyr, éditeur ; Valérie Meyer-Cazeaux, directrice déléguée ; Sandrine Giacobetti, rédactrice en chef ; Hélène Mallein, secrétariat de rédaction ; Hélène Morch-Bernard, assistante de rédaction ; Sylvie Garnier, photothèque
Produits d'édition : Pascal Traineau ; Jérôme Pébereau ; Nicolas Waintraub ; Anne-Françoise Bédhet ; Gwenaëlle Braud ; Florence Raillard ; Mairead Audisio ; Sabine Beausseron ; Isabella Tomesco ; Mohamed Slama
Et tous les fidèles collaborateurs de ELLE à table

RÉALISATION
Sarbacane Design

PHOTOGRAVURE
Glénat Production

Achevé d'imprimer en avril 2009 par Pollina, zone industrielle de Chasnais, 85407 Luçon (France) - L50209
Dépôt légal : mai 2009
ISBN : 978-2-7234-6999-9